大学4年間の社会学が10時間でざっと学べる

出口剛司

角川文庫
23366

はじめに

とにかく、腑に落ちる

　私は東京大学文学部と大学院人文社会系研究科で社会学の講義と演習を担当し、もう10年になろうとしています。本書はその成果を圧縮し、10時間分の授業に再編したものです。その中で私が一番力を注いだのが「立って読んでもわかる」ことです。机の前に座って、物差しと鉛筆を持って本書を読む人は少ないのではないでしょうか（執筆者としては、傍らに社会学の事典類を並べて読んでほしいのですが）。おそらく本書を手にする読者のみなさんは、忙しい通勤・通学時間に吊り革をつかみながら本書に目を通し、日常生活やビジネスのためのヒントを探しているのではないでしょうか。そういうみなさんに「社会はこんなふうに成り立っているのか！」と「腑に落ちて」納得してもらうことを、本書は第一の目標にしています。

空気を「見える化」する社会学

　動物と違う人間の特徴は、社会を作って生きている点です。しかも、アリや羊のように「個体」が単に「群れ」を作っているのではありません。ものの感じ方、考え方、そして高度な思考を支える言語まで、社会の中で作られ、人はそれを学習し続けるのです。その意味で、私たちはたとえ一人になっても、社会の力から逃げることができません。しかし社会そのものは「空気」のような存在で、肌で感じたり触ったりすることができません。社会学は、そうした知らず知らずのうちに私たちを包み込む空気、ときに私たちを圧迫し、生きづらくさせる空気に名前を与え、科学的に分析し、「見える化」する学問と言えるでしょう。

専門科学としての社会学

　空気のようなふわっとしたものを扱うのはとても難しい。社会学はいいかげんな学問だとか、社会学者は無責任な評論家だという声が聞こえてきそうです。社会学者の中からも、社会学は知識が体系化されていないとか、何でも社会学になると考える人が少なくありません。しかし、社会学には180年近い蓄積があり、東京大学社会学研究室は110年の歴史を持つ、東大の中でも最も古い研究室の一つです。そして30年近く社会学を学び、指導してきた立場からすると、社会学には社会学特有の概念・理論、ものの見方、考え方があって、社会学者ならだれでも共有財産として使用しています。そこで本書は、各項目を一歩一歩読み進めると、理論研究、実証研究、学史研究の成果が総合的に吸収でき、10時間すぎたときにはご自身の目で「空気が見える」ように工夫されています。

本書の概要

　本書は5部構成で、最初の第1部が社会学理論、最後の第5部が社会学史。社会学の理論と歴史から「社会学の基本的な考え方」が学べます。中間の第2部から第4部は身近な日常世界から始めて非日常的な世界へと広がりを持たせています（第2部：家族・地域社会、第3部：産業・労働、第4部：消費、宗教、政治、国際社会）となっています。ぜひ冒頭から順に読み進めてください。

東京大学文学部教授
出口剛司

第1部
社会の謎と正体を探究する

③ 社会学の流儀

④ 〈社会〉を知るには集団を見よ

第2部
身近な世界から出発しよう

8 変容する都市空間

第 3 部
働き方と職場の
人間関係

9 人が働く／人を働かせる方法

第4部
日常と非日常の
インターフェイス

13 神話世界としての消費空間

14 宗教と社会

第5部
社会学物語

編集協力　前窪明子・岩佐陸生
本文デザイン　二ノ宮 匡
図版作成　ISSHIKI

第 **1** 部

社会の謎と
正体を探究する

【第１部のねらい！】

まず、探偵になった気分で〈社会〉の謎を探ってみましょう。その中で、比較的新しい社会システム論や合理的選択理論をご紹介します。〈社会〉についてだいたいのイメージが持てたら、つづいて社会学者が〈社会〉を論じる流儀についてお話しします。代表的なものとして説明（因果連関）、理解（追体験）、機能分析（役割と貢献）があります。最後に社会集団論について勉強し、集団というものが生み出す不思議な現象を体験しましょう。第１部は、理論社会学と呼ばれる領域に対応し、社会の成り立ちや研究方法を探究する役割を担います。ここを読み終えると、社会を見る目が少し変わってくることに気がつくことでしょう。

01 ▶ 社会名目論
〈社会〉は何からできている？

　社会学を学んだことのある人も、本書を通して社会学にはじめて接する人も、「いったい社会学は何をする学問なんだろう」と疑問を持たれているかもしれません。しかし、同じ社会科学の仲間でも、政治学や経済学に対して「政治学って何だろう」とか、「経済学者って何をやっているのだろう」と頭を悩ませる人は少ないのではないでしょうか。なぜなら、政治学や経済学は研究の対象となる〈政治〉や〈経済〉がはっきりとした輪郭を持っているからです。

　それに対し、研究対象が社会（「人間の集団」だと漠然と考えておいてください）と言われても、明確なイメージを持つことができません。ここが社会学の難しいところです。実は専門家の間でも事情は同じです。しかし、こうした「謎」があるからこそ、それを解明する科学が生まれるのです。そこでまず、〈社会〉の正体をめぐる謎解きから本書をはじめたいと思います。

　まず、社会学（者）は〈社会〉は個人の集まりであると考えます。たとえば、東京大学という集団を例にとると、それは研究者、事務職員、学生といった一人ひとりの個人が集まった集団であり、「東京大学」というのはそんな**集団につけた名前**にすぎないということになります。そうした社会に対する考え方を**社会名目論**といいます。しばらく、この社会名目論にしたがって〈社会〉の正体にせまっていきましょう。

30秒でわかる！ ポイント

そもそも社会学って何を扱うの？

社会学って
そもそも何をする
学問なんだろう？

政治学　　経済学
↓　　　　↓
政治　　　経済
↓　　　　↓
輪郭がはっきりしている

社会学 → 研究対象が社会であり
漠然と「人間の集団」 → 明確なイメージがしづらい

↑

社会学の難しいところ

謎解きを
してみよう！

一つ目の考え方 ➡ 社会名目論

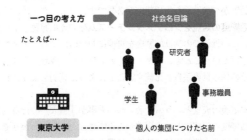

たとえば…

研究者

学生　　事務職員

東京大学 -------- 個人の集団につけた名前

1 〈社会〉の謎と正体を探る①

02 ▶ 資本主義の成立
〈社会〉は個人から
説明できる

　社会名目論によると、〈社会〉は実体ではなく、結局一人ひとりの個人から成り立っています。したがって〈社会〉の仕組みや変化を知るには、そこに生きる個人の行為、その目的や動機を理解することが重要になってきます。ここではドイツの社会学者マックス・ヴェーバー（1864-1920）という人が行った古典的な研究を例にとりあげてみます。

　ヴェーバーは、（彼の時代においての話ですが）なぜ西ヨーロッパにだけ高度な資本主義が発達したのかを解明しようとしました。そこで資本主義にとって最も大切な**資本の蓄積**に注目します。企業が立ち上がり、事業が拡大するためには、資本の蓄積が必要です。そのためには儲けたお金を無駄に消費するのではなく、計画的に次の事業にまわす勤勉かつ禁欲的な生活態度が必要です。ヴェーバーは、そのような**生活態度の源流をプロテスタンティズムの教えに発見**しました。その後、この世俗での禁欲的態度を可能にしたのはプロテスタンティズムだけだということを、ユダヤ教、カトリック、儒教、道教、仏教など、その他の世界宗教と比較することによって証明しようとしたのです。

　資本主義の成立という〈社会〉の出来事が「個人」の行為（禁欲的な生活態度の形成）という観点から説明されたのがおわかりでしょうか。そしてその背後には〈社会〉は**個人の集まり**であるという前提があります。

30秒でわかる！ ポイント

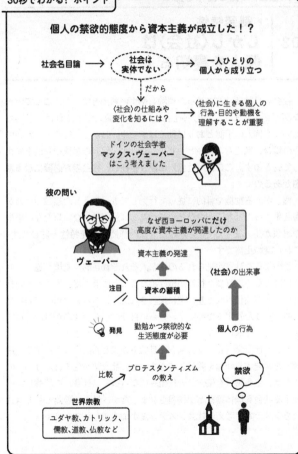

個人の禁欲的態度から資本主義が成立した！？

社会名目論 → 社会は実体でない → 一人ひとりの個人から成り立つ

だから

〈社会〉の仕組みや変化を知るには？

〈社会〉に生きる個人の行為・目的や動機を理解することが重要

ドイツの社会学者 **マックス・ヴェーバー** はこう考えました

彼の問い

ヴェーバー

なぜ西ヨーロッパにだけ高度な資本主義が発達したのか

資本主義の発達

注目

資本の蓄積

〈社会〉の出来事

発見 勤勉かつ禁欲的な生活態度が必要

個人の行為

比較 プロテスタンティズムの教え

禁欲

世界宗教

ユダヤ教、カトリック、儒教、道教、仏教など

03 ▶ 創発特性
しかし〈社会〉は個人を裏切る!

　社会名目論は、筋の通った理解しやすい考え方ですが、ここで大きな謎が発生します。もし〈社会〉の正体が個人だとすれば、〈社会〉はいつも個人の予測どおりに動くはずです。しかし〈社会〉はたいていの場合、私たちの思いどおりにはならず、個人の動機や目的を無視して動きます。**ここに〈社会〉の謎が存在し、社会学が必要になる理由があるの**です。

　個人がある動機や目的に従って行動しても、そうした複数の行為が寄せ集まったとき、一つひとつの行為では説明できない新たな出来事や現象が生じます。〈社会〉のこうした特徴を**創発特性**と呼びます。これが謎の正体です。

　このような性質が見られるのは、人それぞれ目的や動機が違っているだけでなく、行為と行為が積み重なることによって、もともとの行為の方向が強化されたり、逆に抑制されたり、あるいは別の方向に捻じ曲げられたりするためです。さらに自分の選んだ行為が目的を達成するためには適切でなかったということも考えられます。

　そこで社会学（者）は、個人の目的や動機と無関係に存続する〈社会〉を研究する理論を開発してきました。社会学が生まれたばかりのころは、生き物（有機体）の仕組みにならって〈社会〉を理解しようとする社会有機体論などが提唱されましたが、最新の理論としては社会をシステムと考える社会システム論がよく知られています。

30秒でわかる！ ポイント

社会学の謎の二つ目の答えは

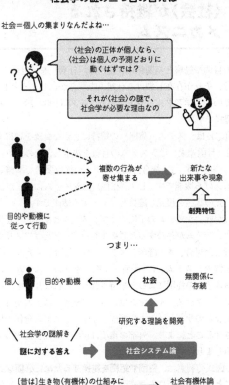

社会＝個人の集まりなんだよね…

〈社会〉の正体が個人なら、〈社会〉は個人の予測どおりに動くはずでは？

?

それが〈社会〉の謎で、社会学が必要な理由なの

目的や動機に従って行動

複数の行為が寄せ集まる　→　新たな出来事や現象

創発特性

つまり…

個人　目的や動機　⟷　社会　無関係に存続

研究する理論を開発

＼社会学の謎解き／
謎に対する答え　→　社会システム論

〔昔は〕生き物(有機体)の仕組みにならって〈社会〉を理解しようとする　→　社会有機体論などを提唱

04 ▶ 社会システム論
〈社会〉が維持されるメカニズム

　個人の目的や動機と無関係に存続する〈社会〉を「社会システム」と名付け、それが存在し続ける仕組みを明らかにしようとしたのが、アメリカの社会学者タルコット・パーソンズ（1902-79）の考案した**AGIL図式**です。

　A（適応）はシステム（集団）の維持に必要な資源を獲得する機能です。G（目標達成）はシステムの目標を決定し、そのために資源を動員する機能です。I（統合）はシステムの構成要素を調整し、一つにまとめあげる機能です。L（潜在性）はシステムに外圧が加えられた場合、元の状態を復元し維持しようとする機能です。

　これらが社会システムの下位のサブシステムとなり、相互依存しながら社会システムが存続すると考えました。たとえばアメリカ社会全体を分析した場合、A：経済システム、G：政治システム、I：法律・道徳・慣習のシステム、L：教育・宗教・家族のシステムという四つのサブシステムの作用によって維持されることになります。

　ドイツのニクラス・ルーマンは、さらに社会システムが自律的に政治や経済などのサブシステムを形成しながらシステム全体の仕組みを複雑化させることにより、外部の環境に適応する社会進化のメカニズムを解明しました。

　AGIL図式の利点は、**集団や組織を維持するために必要な条件を分析することができる**点にあります。組織を管理し運営する必要が生じたら、ぜひ活用してみてください。

30秒でわかる！ ポイント

社会学の謎の三つ目の答え

 社会学の謎解き ➡ AGIL図式

 あるシステム（集団）を維持するために
必要な条件を確定できる考え方です

アメリカの社会学者
タルコット・パーソンズの説

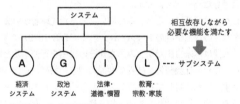

相互依存しながら
必要な機能を満たす

| システム |
| A | G | I | L |
経済　　政治　　法律・　　教育・
システム　システム　道徳・慣習　宗教・家族

--- サブシステム

『理論社会学への誘い』小笠原真（有斐閣）を参照

A **適応**……システムの維持に必要な資源を獲得する機能
G **目標達成**……システムの目標を決定し、そのために資源を動員する機能
I **統合**……システムの構成要素を調整し、一つにまとめあげる機能
L **潜在性**……システムに外圧が加えられた場合に元の状態を復元して
　　維持しようとする機能

ドイツの**ニクラス・ルーマン**はさらに社会進化のメカニズムを解明

column

社会学の最重要課題とは？

ホッブズ的秩序問題

それぞれの学問には土台となる「問い」があります。たとえば、経済学の場合なら富の形成や分配、政治学の場合は権力の正統性やその分配でしょうか。社会学の場合は、**秩序問題**がこれにあたると言われています。「社会秩序はいかにして可能か（どのように出来上がっているのか）」という問いです。これを社会学の問いと最初に考えたのが先に登場したパーソンズです。

しかしパーソンズによると、この問いに答えた先駆者がいます。それがイギリスの政治学者のトマス・ホッブズ（1588-1679）です。ホッブズは「人間は本来自由だが、みんながその自由を行使すると戦争状態になる。だから社会契約を結んで共通の国家（秩序）を作った」というのです。これに対してパーソンズは、契約というのはもともと自分の利益のために結ぶ功利主義的な振る舞いだから、契約では秩序は安定しないと論じます。そして、秩序が生まれるためには**功利主義を超えて、行為の目的や手段を制御する価値や規範を共有することが必要**だと主張しました。

パーソンズの出した価値や規範の共有という答えは、今ではやや時代遅れの学説ですが、ここにはパーソンズの考える社会学の特徴がよく表れています。まず、**社会学は社会の秩序（仕組み）を考える学問である**ということ、そして他の社会科学（とくにパーソンズの時代の経済学）とは異なって、過度の**功利主義的な個人主義には批判的である**という点です。

社会学は何のための学問？

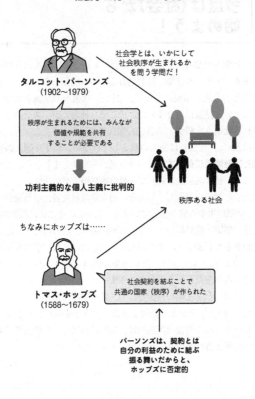

タルコット・パーソンズ
（1902〜1979）

社会学とは、いかにして
社会秩序が生まれるか
を問う学問だ！

秩序が生まれるためには、みんなが
価値や規範を共有
することが必要である

功利主義的な個人主義に批判的

秩序ある社会

ちなみにホップズは……

トマス・ホッブズ
（1588〜1679）

社会契約を結ぶことで
共通の国家（秩序）が作られた

**パーソンズは、契約とは
自分の利益のために結ぶ
振る舞いだからと、
ホップズに否定的**

01 ▶ 社会実在論
**今度は〈社会〉から
始めよう！**

　〈社会〉は個人の集まりだから、〈社会〉を知るには個人の目的と動機を解明すべしという立場（社会名目論）から出発しました。しかし**創発特性**という謎の出現によって、〈社会〉は個人の思惑を裏切る謎の存在だという結論に至りました。そこで〈社会〉がシステムとして維持される仕組みを解明する AGIL 図式をご紹介しました。

　今度は逆に、〈社会〉は個人の集まりではない、つまり**個人の目的と動機とは無関係に存続する**という立場から出発しましょう。こうした考え方を、社会名目論に対して、**社会実在論**と言います。

　東京大学の例でご説明しましょう。同大学は研究者、事務職員、大学院生・学部学生から成り立っています。しかし、そこには昇進規程、職務規程、学則・履修規程というルールがあり、個人はそうしたルールに従わざるを得ません。また個人が大学を去っても大学は存続し続けます。つまり、「東京大学」という集合体はそのメンバーとは無関係に存続する存在だということになります。

　今度はこの社会実在論から出発して、謎や疑問に悩まされることなく、〈社会〉の正体をうまく説明できるかどうかを検討してみましょう。もしそうならこの社会実在論は、最初にお話しした社会名目論よりも優れた考え方だということになります。

30秒でわかる! ポイント

名目上の存在か、実体のある存在か

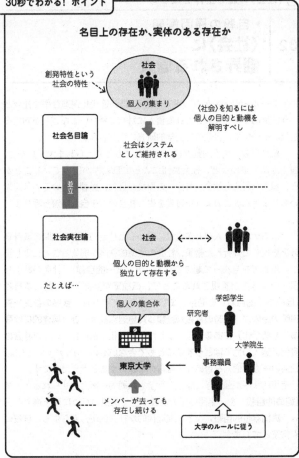

社会

個人の集まり

創発特性という
社会の特性

〈社会〉を知るには
個人の目的と動機を
解明すべし

社会名目論

社会はシステム
として維持される

並立

社会実在論

社会

個人の目的と動機から
独立して存在する

たとえば…

個人の集合体

学部学生

研究者

大学院生

東京大学

事務職員

メンバーが去っても
存在し続ける

大学のルールに従う

02 ▶ 自殺の原因解明
〈社会〉に
翻弄される個人

　エミール・デュルケム（1858-1917）は、近代化が進む中で社会という圧倒的な存在に翻弄される個人に対して優しいまなざしを向けました。その中で、自殺の社会学的研究に取り組みます。

　一般に自殺は個人的動機によって起こると考えられます。しかし、国や地域や集団など、社会集団によって自殺率が違っていることから、個人を超えた社会（集団）の環境が自殺に影響しているのは間違いありません。このような自殺を生む社会の力を**自殺潮流**と呼びました。

　デュルケムは、人びとが自殺に向かった社会的要因を当時の統計資料を駆使して分析した結果、社会の道徳的秩序が弱まることにより正しい生き方を見失って起こる自殺（**アノミー的自殺**）、社会の絆より個人の生き方が重視されることで、孤独感が深刻化して起こる自殺（**自己本位的自殺**）を発見しました。そしてこれらの**秩序の喪失や孤独感の原因**が、当時の社会が経験した急速な社会変動（**具体的には産業化や都市化**）にあると考えました。産業化や都市化といった**社会の変化は個人の力ではどうすることもできない**ものです。デュルケムは、社会の圧力が個人を否応なく自殺へと追いやると考えたのです。

　道徳的秩序が強すぎ、願望や欲望を強制的に断念させられるケース（**宿命的自殺**）や、集団の圧力が強すぎて集団のために死を選ぶケース（**集団本位的自殺**）など、前近代的な社会的圧力から生じる自殺にも言及しています。

30秒でわかる！ ポイント

自殺を生む社会の力

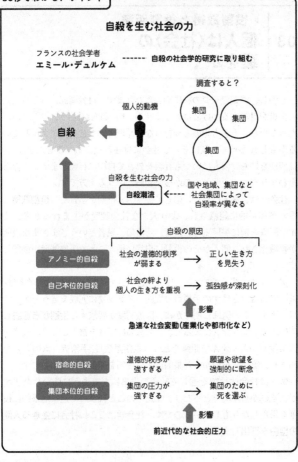

フランスの社会学者
エミール・デュルケム ------ 自殺の社会学的研究に取り組む

調査すると？

集団　集団

集団

個人的動機

自殺

自殺を生む社会の力

自殺潮流 ←---- 国や地域、集団など
社会集団によって
自殺率が異なる

自殺の原因

| アノミー的自殺 | 社会の道徳的秩序 が弱まる | → | 正しい生き方 を見失う |

| 自己本位的自殺 | 社会の絆より 個人の生き方を重視 | → | 孤独感が深刻化 |

影響

急速な社会変動（産業化や都市化など）

| 宿命的自殺 | 道徳的秩序が 強すぎる | → | 願望や欲望を 強制的に断念 |

| 集団本位的自殺 | 集団の圧力が 強すぎる | → | 集団のために 死を選ぶ |

影響

前近代的な社会的圧力

2 〈社会〉の謎と正体を探る②

▶ 役割取得と役割距離

03 個人は〈社会〉の
裏をかく

　しかし、ここで一つの謎に突き当たります。自殺潮流にさらされた
人全員が自殺するわけではありません。また個人が社会の「言いなり」
だったなら、不満も犯罪も非行もない「理想的な社会」が実現してい
るかもしれません（私はそんな社会には住みたくありませんが）。人
は個性を持ち、個人はいつも社会を外れて自由に行動します。この謎
をわかりやすく説明したのが**役割距離**という考え方です。

　社会学は、個人は地位に応じて従うべき役割を学習し（**役割取得**）、
役割が体系的に組織され、より大きな社会制度が生まれると考えま
す。医療を例に挙げると、医師、看護師、患者というさまざまな役割
が組織化され、個人がその役割に忠実に従うことで医療制度が機能し
ます。

　アーヴィング・ゴフマン（1922-82）というアメリカの社会学者は、
厳正であるべきはずの手術室で周囲のスタッフに冗談を言う医師に注
目します。この医師は明らかに、医療制度が要求する**役割から逸脱し
ています**。ゴフマンによると、この医師は冗談を言うことで、厳格な
医師役割からすすんで距離をとり（**役割距離**）、手術チームの緊張を
和ませ、実に合理的かつ効果的にその役割を遂行しているのです。

　個人は社会的役割を通して社会の歯車になるように強いられます
が、そこから距離をとったり、またそのことによって逆に効果的に役
割を果たしたりもしているのです。社会学はここに**社会に生きる人間
の自由**を見出します。

30秒でわかる！ ポイント

手術中の医師がジョークを言うのはなぜ？

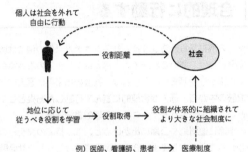

個人は社会を外れて
自由に行動

役割距離

社会

地位に応じて
従うべき役割を学習 → 役割取得

役割が体系的に組織されて
より大きな社会制度に

例）医師、看護師、患者 → 医療制度

社会学者
アーヴィング・ゴフマンの説

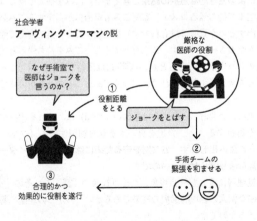

厳格な
医師の役割

なぜ手術室で
医師はジョークを
言うのか？

① 役割距離
をとる

ジョークをとばす

② 手術チームの
緊張を和ませる

③ 合理的かつ
効果的に役割を遂行

②〈社会〉の謎と正体を探る②

▶合理的選択理論

04 それでも人は 合理的に行動する

　ゴフマンの例に見られるように、社会システム（先の例では医療制度）が完璧に作動している状態でも、個人はシステムの厳格な命令から外れて自由を享受します。とすれば、社会の出来事は**個人に与えられた選択肢の中から、個人が合理的に選んで行動した結果として説明すべし**という立場が現れます。これが**合理的選択理論**です。

　花見の季節に遊園地や公園に出かけると、ごみ捨てのマナーの悪さに驚かされることがあります。合理的選択理論はこうした**社会問題も個人による合理的な選択の結果**と考えます。ごみを捨てて帰るコストと自宅まで持ち帰るコスト（家庭ごみも自治体が指定するごみ袋に入れて出すという意味では有料です）を比較すると、外で捨てて帰るメリットが大きいわけです。そうだとすると、ごみを持ち帰ると次回の割引チケットがもらえるとか、（実際には困難ですが）外でごみを捨てると罰金を科すなどすれば、部分的であれごみの減量が可能でしょう。

　一般に、公共財（この場合はきれいな公園）は、それを維持するコストを負担する人と、負担を負わずそれを利用する人（フリーライダー）を生み出します。**公共財を守るためには、フリーライダーの数を可能な限り減らせばよい**のです。

　一見理解に苦しむ社会現象、つまり社会の「謎」も、その「正体」は自由な個人の合理的選択の結果であるというのがこの理論の基本的な考え方なのです。

30秒でわかる！ ポイント

公園が散らかるのは合理的選択の結果？

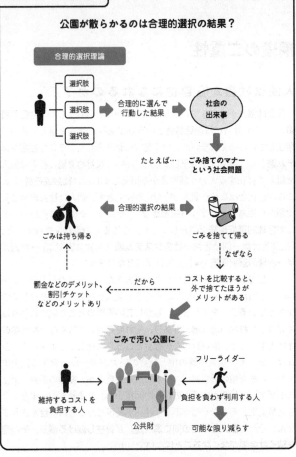

合理的選択理論

選択肢
選択肢　→　合理的に選んで　→　社会の出来事
選択肢　　　行動した結果

たとえば…　ごみ捨てのマナーという社会問題

ごみは持ち帰る　←　合理的選択の結果　→　ごみを捨てて帰る

なぜなら

罰金などのデメリット、割引チケットなどのメリットあり　←　だから　←　コストを比較すると、外で捨てたほうがメリットがある

ごみで汚い公園に

フリーライダー

維持するコストを負担する人　→　公共財　←　負担を負わず利用する人

可能な限り減らす

column

構造の二重性

人間は社会から自由になれるのか？

社会は個人からできているという立場から出発しました（**社会名目論**）。しかし社会には**創発特性**という謎があり、個人を超えて社会は存在しているのではないかという見方に至りました。そこで**社会システム論**という謎解きを紹介しました。続いて反対の立場、社会は個人を超えて存在するという謎解きから出発しました（**社会実在論**）。ところが、社会はなぜか個人を完全に掌握できず、個人は社会が命じる役割から距離をとります（**役割距離**）。そこで、その謎に挑むものとして**合理的選択理論**を紹介しました。ここまでの流れを整理すると、「社会名目論→創発特性→**社会システム論**（≒社会実在論）→役割距離→**合理的選択理論**（≒社会名目論）」となります。

こうして個人から出発して社会に行き当たり、社会から出発して個人に行き当たってしまうのは、そもそも**個人と社会が円環をなしてつながっている**ことを表します。**しかしこの円環のどこかにわれわれには見つけられない溝（謎）があり、それを発見して解くのが社会学の仕事です。**では、溝（謎）のない社会とはどんな社会でしょうか？　それはおそらく、個人の頭の中と社会の圧力が完全に一致する社会です。それを究極の理想郷（ユートピア）と見るか、究極の悪夢（ディストピア）と見るかは個人の好みの問題かもしれませんが、少なくとも人類史上、そんな幸福＝不幸な社会が実現したことは一度もありません。そして**個人と社会の間に溝（謎）が存在し続ける限り、その謎を解く社会学がなくなることはないでしょう。**

　ここでは現在知られている一番わかりやすい考え方をご紹介しましょう。イギリスの社会学者アンソニー・ギデンズは**構造化理論**を提唱し、個人（行為）と社会（構造）の関係を次のように説明しようとしました。

　社会には個人が社会を作るという側面と社会が個人を拘束する（あるいは作る）という側面があります。そこにギデンズは**構造の二重性**という観点を導入します。構造の二重性とは、構造は行為の**条件であると同時に結果でもある**ということを意味します。つまり社会（構造）は個人行為の「障害」と見なされがちだが、実は社会は個人の行為の「前提」となっているということです。社会があってはじめて個人の行動も可能になるということです。結論だけ見るとやや肩透かしを食らったような印象を受けますが、この理論のポイントは**個人の自由を拘束すると考えがちな社会だが、実際は私たちの自由な行動をも生み出す**という二面性を持っていると考える点にあります。

　たとえばサッカーや野球を例に考えてみましょう。これらの集団ゲームには明確なルールがあり、個々のプレイヤーはそのルールに従うことが義務づけられています。そしてルールに違反すると、罰則や失格が宣告されます。しかし逆に、私たちが野球やサッカーのプレイができる＝可能になるのは、そうしたルールが厳格に守られるからなのです。感動的なファインプレイもまた、厳格なルールの中から生まれます。また、こうしたルールが存在するのは、私たち自身がプレイの中でルールを守り続けるからでもあるのです。ルール（社会）が個々のプレイ（個人）を可能にし、個々のプレイ（個人）がルール（社会）を存在させ続けるのです。

3 社会学の流儀

▶ 理解と説明①

01 | 理解という方法で
〈社会〉を研究する

　この章では、これまでのお話を少し使いやすいように一般化し、〈社会〉を扱う社会学者の流儀を読者のみなさんに伝授したいと思います。ぜひ社会学者の流儀を身に付け、身近な社会を分析してみてください。

　一つ目の流儀は**理解**です。社会学でいう理解と日常生活の中で使う理解は少し違っています。社会学の理解とは、**人々の主観的な内面世界を感情移入や追体験によって明らかにする**ことを指します。したがって、数学の定理や物理の法則を「理解」するという意味での理解ではありません。自然現象は客観的なプロセスであり、そこには主観的な世界や意味が存在しないからです。

　社会現象の中には当事者の主観（意味的世界）を理解しなければわからないことがたくさんあります。たとえば、日本ではキリスト教式の結婚式を挙げる人が半数以上いるのに実際に信仰を持っている人はごくわずかです。これは欧米人の目から見るときわめて奇妙な現象だそうです。しかし、日本のとくに若い人が教会に持つイメージ（厳格さと華やかさ）を理解すれば、信仰がなくとも教会で挙式をしたい人の気持ちは理解できます。日本での教会式の結婚には欧米の信者がそこに込める意味（信仰の表現や実践）は薄いと言えるでしょう。またこのように、自分の文化や習慣に固執せず、**他者の主観的世界を柔軟に理解することも社会学の大切な流儀の一つ**です。

30秒でわかる！ ポイント

人の内面の「理解」も社会学では大切

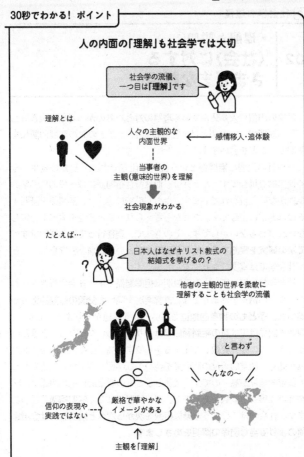

社会学の流儀、
一つ目は「理解」です

理解とは

人々の主観的な
内面世界　←　感情移入・追体験

当事者の
主観（意味的世界）を理解

社会現象がわかる

たとえば…

日本人はなぜキリスト教式の
結婚式を挙げるの？

他者の主観的世界を柔軟に
理解することも社会学の流儀

と言わず

へんなの〜

信仰の表現や
実践ではない

厳格で華やかな
イメージがある

主観を「理解」

3 社会学の流儀

▶ 理解と説明②
**02 〈社会〉に対する
さまざまな説明**

　対象の内側に入り込んでいく理解の対となるのが、対象を突き放して見る**説明**です。説明とは、社会現象ＡとＢとの間の客観的関係を解明することを言います。

　一つ目の説明は**無関係**という説明の仕方です。ＡとＢの発生が全く偶然的な場合です。たとえば、血液型性格判断には一般的に科学的根拠がないと言われています。ただし厳密に言うと、無関係を証明するのは非常に困難です。なぜなら考えられうる可能性をすべて否定しなければならないからです。その意味で、**現在行っている説明はすべて次の研究を実施するための仮説である**という謙虚な態度を持つことが社会学では重要になります。

　社会学で頻繁に用いられる説明は**相関関係**です。社会学事典からわかりやすい例を挙げましょう。自営業層を除いて**父親の職業的地位が高いと、子どもの職業的地位も高い**という命題があります。しかし、両者の関係は実は**真の相関関係**ではありません。なぜなら、**学歴**というもう一つの**媒介変数**が存在するからです。高学歴な父親は職業的地位が高く、職業的地位の高い父を持つ子は学歴も高くなり、結果として職業的地位が高いのです。父親と子どもの職業的地位の関係は、学歴という第三の変数があるので、真の相関ではなく**疑似相関**と言われます。社会学はこのような**疑似相関を次から次へと解明し、社会現象間のより妥当な関係の解明**をめざします。

30秒でわかる！ ポイント

社会現象の関係を「説明」する

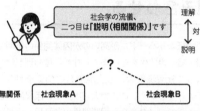

社会学の流儀、
二つ目は「説明（相関関係）」です

理解
↑
対
↓
説明

?

無関係　| 社会現象A |　　　| 社会現象B |

AとBの発生が全く偶然的
ただし無関係の証明は、すべてを否定する必要があり困難

相関関係　| 社会現象A | ←→ | 社会現象B |

父親の職業的地位が高い　　　子どもの職業的地位が高い

疑似相関
「学歴」という第三の変数があるので真の相関ではない

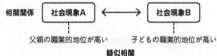

だけど、父親の学歴（媒介変数）
も関係あるのでは？

?

| 高学歴な
父親 | ＝ | 職業的
地位が高い | ＝ | 子どもの学歴
が高くなる | ＝ | 子どもの職業的地位
が高くなる |

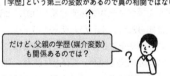

社会学ではこうした擬似相関を解明して
社会現象間のよりよい説明をめざす

③ 社会学の流儀

▶ 理解と説明③

**03 │ 理解と説明を
組み合わせる**

　相関関係の論証よりハードルが高いのが**因果関係**の証明です。因果関係とは原因・結果の関係を言います。社会学者の理想は、こうした因果関係によって社会現象 A と社会現象 B の関係を明らかにすることだと言ってよいでしょう。ここで大切な点は、**因果関係と相関関係は異なる**という点です。つまり、相関関係の発見は、因果関係へと至る通過点であり、現象と現象の関連性に加え、どちらか一方が原因となり、他方がその結果となる（もしくはその両方となる）メカニズムを示さなければならないのです。それゆえハードルががぜん高くなります。

　先の理解を用いて因果関係を説明した事例を紹介しましょう。すでにご紹介したヴェーバーの資本主義論がこれにあたります。実はヴェーバー以前から、プロテスタンティズムの国ほど資本主義の国が多いという説明は知られていました。ヴェーバーは、この相関関係の説明を、理解という方法をここで駆使して因果関係に転換します。プロテスタンティズムの職業倫理が、人びとに職業を神が命じた使命と見なし、労働による成功を救済の予兆と見る世界観を与えたのです。こうした動機づけによって、初期の資本家は職業労働に励み、資本主義に不可欠な資本の蓄積が可能になったのです。ヴェーバーは、こうして動機の**理解という方法でプロテスタンティズム（宗教）と資本主義の発達（経済）の因果関係を説明した**のです。

30秒でわかる！ ポイント

もっともハードルが高いのは因果関係の「証明」

社会学の流儀、
三つ目は「**証明（因果関係）**」です

```
                    ステップ
                    アップ      原因        結果
社会現象A ←→ 社会現象B  ➡  社会現象A → 社会現象B
```

💡 相関関係の発見！　　　　　因果関係の発見！

証明のハードルが高い

マックス・ヴェーバーの資本主義論では…

```
   社会現象A                    社会現象B
プロテスタンティズムの国 ←→ 資本主義の国が多い
```

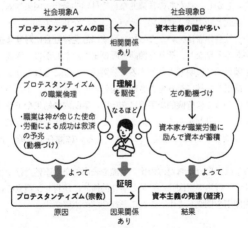

プロテスタンティズムの職業倫理	「理解」を駆使	左の動機づけ
↓	なるほど！	↓
・職業は神が命じた使命 ・労働による成功は救済の予兆（動機づけ）		資本家が職業労働に励んで資本が蓄積

相関関係あり

↓ よって	↓ 証明	↓ よって
プロテスタンティズム（宗教）	→	資本主義の発達（経済）
原因	因果関係あり	結果

③ 社会学の流儀

▶ 機能分析

04 | 存在理由を知れば 納得する

　社会学者の仕事は、理解や説明を駆使して社会現象の因果関係を明らかにすることだと言ってよいでしょう。しかし私たちの研究は、それだけにとどまりません。その一つとして**機能分析**をご紹介しましょう。

　社会現象や社会制度の中には、因果関係だけではうまく説明できないものがあります。たとえば雨乞いの儀式を考えてみましょう。雨乞いの儀式は文字どおり、干ばつに苦しむ共同体が雨を期待して行うものです。しかし、私たちの常識的な自然科学的発想、因果推論に基づけば、儀式と降雨は「無関係」ということになります。

　しかし社会学者は、いかなる社会現象にも**全体社会に対する役割や貢献**があると見なし、それを**機能**と呼びます。たしかに、儀式と雨の関係を因果的に説明しようとすると無関係ということになります。しかし、結束して神に祈りをささげる雨乞いの儀式には、干ばつという共同体にとっての危機的な事態にあって、集団内の結束やモラルを維持するという役割があると言えます。こうした当事者自身も気づかない結果や機能を行為の意図せぬ結果、あるいは**潜在的機能**と言います。

　社会学は、自分たちだけの狭い常識や表面的な効率性だけで物事を判断せず、行為の意図せぬ結果と潜在的機能に注目し、現象の社会的な存在理由を探究します。これこそ社会学の流儀です。

30秒でわかる! ポイント

表面だけで物事を見ない

社会学の流儀、四つ目は「**機能分析**」です

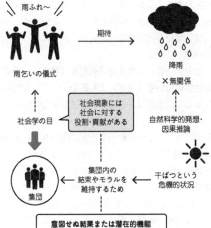

\\ 雨ふれ〜 //

雨乞いの儀式

期待 →

降雨

×無関係

社会学の目

社会現象には社会に対する役割・貢献がある

自然科学的発想・因果推論

集団内の結束やモラルを維持するため

干ばつという危機的状況

集団

意図せぬ結果または潜在的機能

現象の社会学的な存在理由を探究

column

構築主義と実在論

社会と社会学が抱える二重性

　社会には、社会は人間が作ったものだという見方と、人間の手から
はなれた自然現象のような存在だという見方があります。前者の立場
を構築主義、後者を実在論と言います。こうした社会の二つの側面（構
築と実在）は、私たちと社会学（者）が、同じように持っている存在
の二重性に由来しています。

　つまり、社会学（者）は**社会を研究対象（客体）とする反面、自分
自身もその社会の担い手（主体）でもある**という二重性を抱えている
のです。こうした二重性は、日常生活を送る私たちにも当てはまりま
す。

　地域社会やボランティアを通して社会に関わろうとするのは、私た
ち自身がそれらの担い手であるという思いがあるからです。しかし、
社会をそう簡単に変えることはできません。ときに社会的現実はまる
で自然の脅威のように私たちの前に立ちはだかります。ここから社会
学には、社会は（〈人が作ったものだから〉作り変えることができる）
構築物だという立場（**構築主義**）と、私たちの活動とは独立して実在
する（〈人が作ったものだが〉作り変えることができない）実在物だ
という立場（**実在論**）が生まれます。

　社会現象を構築物と実在物という軸で現象を考えるのは社会学だけ
でないかもしれません。しかし、社会学にこうした考え方が顕著なの
は、社会学が近代の始まりとともに誕生したことと深い関係がありま
す（社会学の歴史については第５部で扱います）。近代という時代は

中世の封建的な身分秩序や排他的な村落共同体が崩壊し、それらの古い制度に閉じ込められていた多くの人びとが、新しい市民社会や国民国家の担い手となった時代です。こうした次から次へと変化を経験する時代の中で、社会学の創始者たちは社会の作り変えることができる部分と作り変えることができない部分をつねに意識させられたと言えるでしょう。

　しかし大事なのは、次の事実です。つまり、私たち自身の日々の活動がこうした社会の二つの側面（作り変えることができる部分と作り変えることができない部分）を**遂行的**に生み出しているという点です。「遂行的」というのは「活動の過程そのものによって」という意味です。社会にはじめから二つの側面があるのではなく、仕事をする、余暇を楽しむ、政治に関わる、ボランティアをする、といった**日々の活動**だけがある。そして私たちが活動を通して現実に関わり、働きかけようとした瞬間、社会が私たちの活動の対象（客体）となり、時には動かしがたい岩のように立ちはだかるわけです。

　ある日突然、今まで友人にすぎなかった人が恋愛の対象となったとしましょう。これまでまったく意識しなかったその人の言葉やしぐさが気になりはじめ、その人との間に今までなかったような距離や近づきがたさのようなものができてしまったことはないでしょうか。

　こう考えると距離や近づきがたさは、実は私たちが対象に関わる準備ができている証拠なのです。無関心なら距離すら意識しません。そのとき社会学は、対象の姿（実在物としての社会）を客観的に描き出し、その成り立ち（構築物としての社会）を教えてくれるのです。

4 〈社会〉を知るには集団を見よ

▶ゲマインシャフトとゲゼルシャフト

01 | 時代と共に変化する
個人・関係・社会

　これまで社会の謎と正体に迫ってきましたが、その結果、社会は個人からなる構築物で、また社会は個人を包み込み強い影響を及ぼす実在物であることもわかりました。社会集団論は、こうした社会と個人の関係をより具体的に解明してきました。社会集団の研究を通して、個人と社会の関係をより具体的に見ていきましょう。

　ドイツの社会学者フェルディナンド・テンニエス（1855-1936）は、社会集団をゲマインシャフトとゲゼルシャフトの二つに分類しました。**ゲマインシャフト**とは、一つの生物有機体のように部分としての個人と個人が未分化で融合しているような関係からなる集団、**ゲゼルシャフト**は、機械のように個人と個人が本来的には自立し独立した存在で、それぞれの必要や欲求に応じて結びつく関係からなる集団を言います。さらに前者は、人間の感情を中心とする**本質意志**、後者は同じく合理的・理性的な**選択意志**から形成されます。

　ここで重要なのは、ゲマインシャフトが前近代社会、ゲゼルシャフトは近代社会で優位を占めるとされた点です。つまり、**社会学は時代の変化に応じて個人と個人の関係や個人と社会の在り方も変化する**と考えるのです。

　第2部では家族、第3部では職場を取りあげますが、そこでも個人と個人、社会や集団の歴史的な変化に注目していきたいと思います。

30秒でわかる！ポイント

社会集団を二つに分類すると？

ドイツの社会学者
フェルディナンド・テンニエスの説

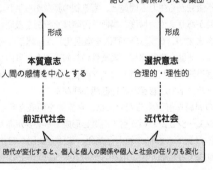

社会

| ゲマインシャフト | ゲゼルシャフト |

生物有機体のように、
個人と個人が未分化で
融合しているような関係

機械のように、
個人と個人が自立し独立した
存在で、必要や要求に応じて
結びつく関係からなる集団

↑ 形成

↑ 形成

本質意志
人間の感情を中心とする

選択意志
合理的・理性的

前近代社会

近代社会

時代が変化すると、個人と個人の関係や個人と社会の在り方も変化

4 〈社会〉を知るには集団を見よ

▶ 官僚制

02 | 人を縛る鉄の檻

　つづいて集団の目的や内部組織に注目しましょう。まず官僚制です。一般的に官僚制は役所の組織を意味しますが、社会学では、①高度な専門性、②規則による役割分担と権限、③明確な上下の命令系統、④公私の分離、⑤文書によるコミュニケーションなどの特徴を持つ集団を指します。官僚制は優れた特徴を持つため、社会の全領域に拡大します（**全般的官僚制化**）。政府だけでなく企業も官僚制的組織を持つことで、利潤獲得と組織運営が可能になるのです。

　当然、いつでも官僚制が優れているとは限りません。日本でも官僚制が抱える弊害が問題になっています。これらの問題に対処するには、官僚制の不徹底から生じる問題と、官僚制の特徴から生じる問題を区別する必要があります。忖度、腐敗、汚職は官僚制を徹底させることで解決できますが、（②③⑤の特徴を徹底化した）縄張り意識、意思決定の遅れ、無駄な書類作成、柔軟性の欠如や個人の自由な発想への抑圧は、官僚制の優れた特徴とコインの裏表の関係にあります。こうした問題を社会学では**官僚制の逆機能**と呼びます。

　これらの問題を解決するためには、官僚制を徹底させるのではなく、**アソシエーション**という別の組織を形成する必要があります。それは個人の自発的な参加や個人と集団、集団と集団の自由なネットワークを重視する組織です。ボランティアやNPOがその例です。

30秒でわかる！ポイント

官僚制という集団の持つ五つの特徴と二つの問題

官僚制の持つ五つの特徴

①高度な専門性	②規則による役割分担と権限
③明確な上下の命令系統	④公私の分離
⑤文書によるコミュニケーション	

優れた特徴あり

全般的官僚制化
社会の全領域に拡大

企業は利潤獲得、
組織運営に

官僚制の持つ二つの問題

忖度 腐敗 汚職	縄張り意識、意思決定の遅れ、 無駄な書類作成、柔軟性の欠如、 個人の自由な発想への抑圧

官僚制の逆機能

官僚制の徹底

アソシエーションの組織
例）ボランティア、NPO

解決

▶ 準拠集団

03 | 集団は個人に
判断基準を提供する

　社会は私たちにさまざまな影響力を行使します。そのメカニズムを明らかにしてくれるのが**準拠集団**です。

　私たちは行動を起こしたり、判断を下したりするときに、なんらかの集団の基準を参照しています。たとえば、私は学生の相談に乗るとき、私個人の考えだけでなく大学の教員という集団が持つ価値や規範に従います。こうした行動や判断の基準となる集団を準拠集団と言います。

　日本で電車の中で電話をする人は周囲からひんしゅくを買いますが、海外に行くと乗客は誰も気にかけません。これは、車内環境に対する意識が日本社会と外国の社会では異なるからです。私自身、日本では日本社会を準拠集団とするので気にかかりますが、海外ではその国の社会を準拠集団とするためまったく気になりません。準拠集団の存在は、絶対的な基準が個人の内面ではなく、個人の外にあることを示しています。

　興味深いのは、**準拠集団は必ずしも所属集団である必要はない**という点です。所属したいと思っている憧れの集団や過去に一時的に所属した集団なども準拠集団になります。当然、個人が実際に所属する前に、ある集団が準拠集団になることがありますが（つまり内定）、その場合、個人は集団の基準をあらかじめ学習することで、その集団にスムーズに適応できるようになります。こうした準拠集団の機能を**予期的社会化**と言います。

30秒でわかる！ ポイント

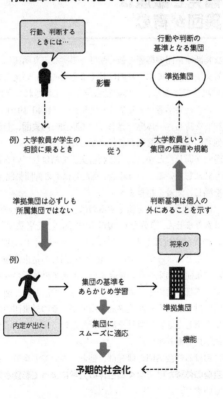

判断基準は個人の内面でなく「準拠集団」にある

行動、判断する
ときには…

行動や判断の
基準となる集団

準拠集団

影響

例）大学教員が学生の
相談に乗るとき

従う

大学教員という
集団の価値や規範

準拠集団は必ずしも
所属集団ではない

判断基準は個人の
外にあることを示す

例）

将来の

内定が出た！

集団の基準を
あらかじめ学習

準拠集団

集団に
スムーズに適応

機能

予期的社会化

4 〈社会〉を知るには集団を見よ

▶内集団と外集団

04 | **偏見と敵意は
集団が育む**

　個人的な判断が集団の影響を強く受ける事実をより明確に示すのが内集団／外集団の研究です。身内に甘くよそ者に厳しいえこひいきは日本特有の現象ではなく、海外の社会学でも注目されてきた現象です。アメリカの社会学者ウィリアム・サムナー（1840-1910）は、「われわれ意識」を持ち、一体感を感じている集団を**内集団**、われわれと無関係な他者の集団を**外集団**と名付けました。

　趣味や趣向が同じだとか、共通の利害関係で結ばれているとか、行動をいつも共にしているという場合、私たちはその仲間集団（内集団）に親しみを感じ、愛着を抱きます。

　しかし、仲間集団の結束を強くするのは、こうしたメンバーの共通性だけではありません。自分たちの集団の外部によそ者集団（外集団）を設け、その集団を攻撃したり、そのメンバーに対する悪口を言い合ったりすることによって、仲間集団（内集団）の結束が強くなります。また、内集団の結束が弱い場合には、あえて外集団の脅威を宣伝することで、内部の結束を強めることもできます。しかし逆に、内集団の外集団に対するこうした攻撃的な態度が、その外集団の側にも強い結束を生み出したり、攻撃性を高めたりという負のスパイラルを発生させる危険性もあります。

　社会学における社会集団の研究は、他者についての見方やイメージが、**自分自身の体験だけでなく集合体の力学によって影響される**ことを示唆しています。

┌ **30秒でわかる！ ポイント** ┐

集団が身内に甘くよそ者には厳しくなるのはなぜ？

アメリカの社会学者　**ウィリアム・サムナーの説**

内集団

どうしたら結束が
強くなるのか？

外集団

「われわれ意識」を持ち
一体感を感じている集団

われわれと無関係な
他者の集団

その1　趣味や趣向が同じ、共通の利害関係、行動を共にするなど

その2　外集団を設けて攻撃する

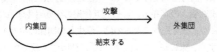

内集団

攻撃

外集団

結束する

その3　外集団の脅威を宣伝する

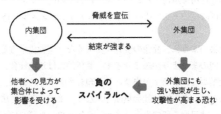

内集団

脅威を宣伝

外集団

結束が強まる

他者への見方が
集合体によって
影響を受ける

**負の
スパイラルへ**

外集団にも
強い結束が生じ、
攻撃性が高まる恐れ

④〈社会〉を知るには集団を見よ

column

個人も社会も存在しない！

ジンメルの相互作用主義からネットワーク論まで

　これまで**個人**と**社会**の関係、そして両者を媒介する**集団**の論理についてお話ししてきました。しかし社会学には個人でも社会でもなく、集団でもない、もう一つ別の水準に注目する立場があります。方法論的相互作用主義と呼ばれる立場です。この立場によると、社会という集合体が強いまとまりと存在感（実在性）を持つのは、その内部で密な相互作用が行われているからだと考えられます。相互作用の密度が低いなら、集合体は実在性を持たず解体してしまいます。もちろん相互作用には、協力関係だけでなく、支配と被支配、闘争や葛藤も含まれます。また個人の存在も、この相互作用の中から生まれてきます。たとえば私が大学で先生であるのは、学生との関係の中で決まっているわけですし、家に帰って自分のねこに社会学を教えたりはしません。ねことの関係では私は飼い主（ねこから見ると世話係）です。こうした相互作用を重視する立場を明確にしたのは、ヴェーバーやデュルケムと同時代のドイツの社会学者ゲオルグ・ジンメル（1858-1918）です。

　現代社会のように、社会の変化が激しくなり流動化すると、社会における集団のまとまりが緩まります。具体的には地域社会、家族の解体から企業コミュニティの崩壊として現れます。その結果、個人でも社会でもなく、さらには社会集団でもなく、集団を超えて広がるネットワークに注目する研究もあります。ネットワーク研究については第3部で詳しく取り上げることにしましょう。

集団の枠を超えたつながり

集団の内部で密な相互関係があったかつての時代

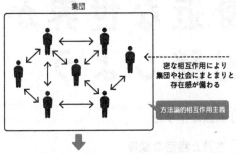

集団

密な相互作用により
集団や社会にまとまりと
存在感が備わる

方法論的相互作用主義

集団の垣根を越えたネットワークが
重要となる現代

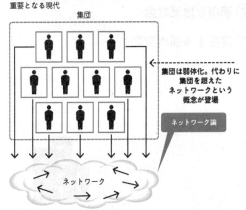

集団

集団は弱体化。代わりに
集団を超えた
ネットワークという
概念が登場

ネットワーク論

ネットワーク

第 2 部

身近な世界から
出発しよう

【第2部のねらい！】

家族社会学や地域社会学に依拠しながら、身近な日常世界を扱います。まず私的領域、親密圏としての家族に目を向けます。大事な点は、家族や愛情のカタチも時代によって変化することです。本書を読み進めるなかで、今まさに性、愛、共同生活のあり方が大きく変化しつつあることを体験してください。つづいて家族を包む地域社会を取り上げます。とくに近代国家が繁栄するなかで都市の発展やそれが果たした役割を検討していきます。グローバル化と情報化の中で、目まぐるしく変貌する都市の姿を知ることで、私たちがいかなる時代に生きているかをリアルに体験できるはずです。

5 家族の作り方

▶生産／再生産と公的領域／私的領域

01 社会に走る
見えない線引き

第1章で見たように、〈社会〉は個人をその構成要素としています。そして、個人が相互作用したり、あるいは集合体を作ったりすることで成り立っています。同時に〈社会〉は政治の世界、経済の世界、教育・学校の世界、親族家族の世界など、複数の領域からできあがっています。それらの領域は互いに重なっており、とても複雑です。

社会学では、そのような〈社会〉を維持するために何が必要か、そして、社会の維持を担う集団や制度は何かを明らかにしようという観点から、〈社会〉の線引きを行います。〈社会〉を存続させるには、生産と再生産を維持し続けなければなりません。ここで言う**生産**とは、労働によって衣食住に必要な物資を作り出すことを意味します。他方の**再生産**とは、生産を担う労働者を生み出したり（出産・育児）、エネルギーの摂取や休息を通して労働力の回復を目的とする活動（家事労働）を指します。

前者のような領域を生産領域あるいは公的領域と呼び、後者の再生産を担う世界を再生産領域または私的領域と呼びます。

近代社会の特徴は、生産と再生産の世界を明確に区別し、前者を資本主義制度、後者を家父長制家族としての**近代家族**とした点にあります。昔の商家や農家であれば、家族は現代と同じく再生産の場であると同時に、家族全員が労働者となって生業を支える生産の場でもありました。しかし、資本主義経済の発達とともに両者は分離し、再生産・私的領域としての近代家族が形成されます。本章では生産から切り離された家族（近代家族）の歴史と特徴について学んでいきましょう。

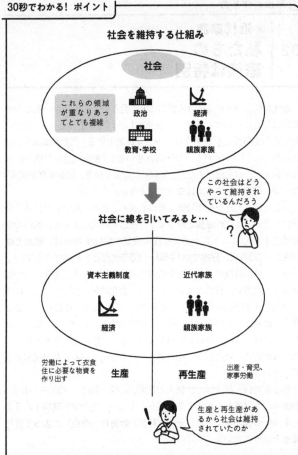

30秒でわかる！ ポイント

社会を維持する仕組み

社会

これらの領域が重なりあってとても複雑

政治

経済

教育・学校

親族家族

この社会はどうやって維持されているんだろう

社会に線を引いてみると…

資本主義制度

近代家族

経済

親族家族

労働によって衣食住に必要な物資を作り出す　**生産**

再生産　出産・育児、家事労働

生産と再生産があるから社会は維持されていたのか

5 家族の作り方

▶近代家族

02 | 私たちの
家族は特別

　近代家族とはどのような家族のことを言うのでしょうか。私たちが家族に対して抱いているイメージを少しあげてみましょう。「男女が恋に落ちて結婚し家庭を作り、子どもが誕生する」「家族は職場とは切り離され、プライバシーで守られている」「家族は強い愛情で結ばれており、その主役は子ども。父が主にお金を稼ぎ、母が家事を担う」などが一般的なところではないでしょうか。

　およそこうした三つの特徴を持つ家族のことを、社会学では時代区分にしたがって**近代家族**と呼びます。最近の研究によると、都市の中産階級を中心にこうした近代家族の風景が完成するのは、**欧米では1920〜30年代、日本では1950〜60年代**だと言われています。

　近代家族の特徴の一つ、恋愛結婚を例に考えてみましょう。右の図を見てください。日本の場合、いわゆる恋愛結婚の割合が見合い結婚の割合を上回るのは1960年代後半です。それ以前の社会では、愛し合って結婚するというより、紹介されて結婚するのがごく一般的でした。これは一つの事例にしか過ぎませんが、家族や愛のカタチも、それぞれの時代の社会の中でその姿を大きく変えていることが理解できると思います。

　第1章では、社会学では個人の思考、心理（動機）、嗜好を〈社会〉が生み出す現象として捉えると紹介しました。社会学を理解するうえでもう一つ大切なことは、その**〈社会〉は時代（歴史）によって変化する**ということです。

30秒でわかる！ポイント

近代家族の特徴

恋愛結婚と見合い結婚のグラフ

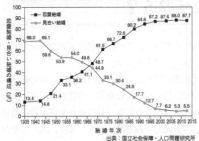

縦軸：恋愛結婚・見合い結婚の構成（％）
横軸：結婚年次

■ 恋愛結婚
○ 見合い結婚

恋愛結婚：13.4　14.6　21.4　33.1　36.2　41.1　48.7　61.5　66.7　72.6　80.2　84.8　87.2　87.4　88.0　87.7

見合い結婚：69.0　69.1　59.8　53.9　54.0　49.8　44.9　33.1　30.4　24.9　17.7　12.7　7.7　6.2　5.3　5.5

1935 1940 1945 1950 1955 1960 1965 1970 1975 1980 1985 1990 1995 2000 2005 2010 2015

出典：国立社会保障・人口問題研究所

1960年代後半から恋愛結婚が見合い結婚を上回る

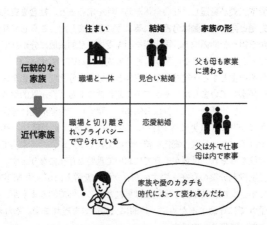

	住まい	結婚	家族の形
伝統的な家族	職場と一体	見合い結婚	父も母も家業に携わる
近代家族	職場と切り離され、プライバシーで守られている	恋愛結婚	父は外で仕事 母は内で家事

家族や愛のカタチも
時代によって変わるんだね

▶ 性別役割分業とM字型就労

**03 男性と女性の役割は
なぜ違う？**

　右の図を見てください。この図は近代家族の特徴である**性別役割分業**を典型的に表すと言われます。

　私たちの社会が存続していくためには、二つの活動が必要だと述べました。一つは、生存に必要な食料・物資を調達する活動（**生産**）です。もう一つは、食事をとって一日の疲れを癒やし、翌日の生産活動に備える活動（労働力の**再生産**）です。また、誰しもやがて死を迎えるので、次の世代の労働力を産み育てておかなければなりません。この活動も労働力の再生産に含めることができます。

　資本主義が発達し、社会全体が効率性を求めると、**社会を支える生産労働と再生産労働は分担される**ようになりました。こうして社会は生産を担う公的領域と、再生産を引き受ける私的領域に分かれていくのです。これがおよそ「職場」と「家族」に対応します。

　農業を主とする伝統社会では家族と職場は未分化で、家族全員が生産に従事していました。やがて子を産む性である女性が私的領域（家族）で再生産活動に、男性は公的領域（職場）で生産活動に専念することになります（男は外で仕事、女は内で家事）。江戸時代の武士の家では子どもの教育に責任を持つのは父親でしたが、近代家族では父親の役割は薄れ、母親が子育てにおいて重要な存在になります。

　性別役割分業の存在を表すのが、女性の就労人口が表す**M字型就労**です。女性は結婚前と出産後は男性と同じく外で働きますが、家事と子育てに専念するために一時的に公的領域を離れます。それがM字となって現れるのです。

30秒でわかる！ ポイント

女性のM字型就労

女性の年齢階級別労働力率の推移

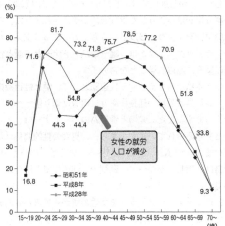

（備考）1.総務省「労働力調査（基本集計）」より作成。
　　　　2.労働力率は、「労働力人口（就業者＋完全失業者）」／「15歳以上人口」×100。

出典：内閣府男女共同参画局

家事と子育てに専念するため、一時的に女性が公的領域を離れている

04	▶ ロマンティック・ラブ **愛しているのは 君だけ、あなただけ**

　男性と女性が結ばれ、子どもを産み育てる家族は、いつの時代にも存在しました。しかし近代では、子どもを中心に、内（家事）と外（仕事）の役割分担がはっきりした近代家族が構成されました。この近代家族は、**ロマンティック・ラブ**という考え方によって支えられています。ロマンティック・ラブとは、**唯一のパートナーとの愛と性の関係を永続的に望み、結ばれる**ことを言います。

　現代に生きる私たちを支配する性道徳として、**愛と性行為の一致**があります。性行為は愛情の延長にあり、両者は切り離すべきではないという考え方です。また、愛情と性行為のパートナーは、1人に限定すべきだとも考えられています。さらに、男女の性的関係は結婚を前提としています。つまり、私たちが持っている性愛の道徳の原則は、愛と性行為は一致し、かつ一夫一婦制の家族の中でだけ公認されるというものです。

　しかし、ロマンティック・ラブを女性の側から見ると、両義的な性格を持っています。この場合、ロマンティック・ラブによって、昔の一夫多妻制の時代から女性と男性の平等が進んだと見ることができます。他方、こうした観念の結果、**無償の愛**の名の下に女性が家族の内部に隔離され、すべての家事負担を負わされると見ることもできます。この場合、ロマンティック・ラブは家事負担のためのイデオロギー（支配的な社会制度を正当化するための思想や観念）と見ることも可能です。このように、**一つの現象や制度が持つ二面性につねに注意を払う**というのも社会学の特徴の一つと言えます。

30秒でわかる! ポイント

ロマンティック・ラブの二面性

一昔前

一対多数の関係でOK!

一夫多妻制

⬇

一対一の関係へ

ロマンティック・ラブ♥

唯一のパートナーとの愛と性の関係を永続的に望み、結ばれること

男性と女性の平等

女性が家族の内部に隔離され、家事負担を負わされるためのイデオロギー

社会学では一つの現象や制度が持つ**二面性**に注目する

column

〈子ども〉の誕生

子どもが大切にされない社会

　庄司薫の小説『赤頭巾ちゃん気をつけて』（新潮文庫）の一場面で、女の子に爪がめくれた足を誤って踏みつけられてしまった主人公が、痛みをこらえながらも怒ることなく、必死で微笑みかけようとする姿が描かれます。このシーンからもわかるように、一般的に子どもは、大人であれば負うべき責任から免除され、特別な配慮と愛情が必要とされる対象と見なされています。

　子どもは、社会から労働を免除され、家ではいつも主役です。現代の家族は、子どもの成長を中心に歳月を重ね、子どもが成長して新たな家族を作ると、親たちはそっと表舞台から退くように見えます。しかしフランスの歴史家フィリップ・アリエス（1914-84）によると、こうした子ども中心の家族のカタチは、人類がもともと備えていた特徴ではなく、17世紀から19世紀に形成された歴史的な社会現象だったというのです。

　17世紀以前の社会では、子どもは小さな大人と見なされ、普通の大人たちと共に労働に従事していました。また乳幼児の死亡率が高い時代では、母親も子どもに対して相対的に無関心でした（フィリップ・アリエス著『〈子供〉の誕生』）。ところが17世紀になると、子どもは特別な配慮が必要な存在として、プライバシーに守られた家族の中で育てられるようになり、18世紀には学校制度の中で大切に教育されるようになります。この時期、家族を自由な恋愛に基づく男女の自由な愛の結合と見る見方（ロマンティック・ラブ）や、子どもを慈しむ

母親の感情や態度を「女性に備わる特殊な本能」とする母性という見方も広がりました。子どもを庇護と愛情の対象と見るという私たちにとって当然の考え方も、近代家族の形成と時期を同じくして生まれてきたものなのです。

かつては「子ども」がいない世界だった？

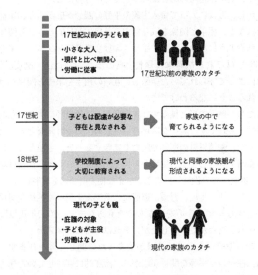

17世紀以前の子ども観
・小さな大人
・現代と比べ無関心
・労働に従事

17世紀以前の家族のカタチ

17世紀

子どもは配慮が必要な存在と見なされる　→　家族の中で育てられるようになる

18世紀

学校制度によって大切に教育される　→　現代と同様の家族観が形成されるようになる

現代の子ども観
・庇護の対象
・子どもが主役
・労働はなし

現代の家族のカタチ

01 ▶ 純粋な関係性
実は危うい ピュアな関係

　日本だけでなくヨーロッパにおいても、恋愛結婚は近代以降の慣習で、情熱としての愛情と制度としての結婚は別ものでした。近代以前までさかのぼると、ヨーロッパでも日本でも、家と家との政略結婚が当然で、愛情は結婚のあとからついてくるものでした。

　しかし、近代に入って個人主義や平等の観念が広がると、家柄や財産ではなく、相手と関係を取り結ぶこと自体が目的とされる関係が求められるようになります。イギリスの社会学者アンソニー・ギデンズ（1938-）はこれを**純粋な関係性**と呼びます。昔は法・制度、習慣、道徳によって守られていた結婚も、互いの相手を求める関係だけに支えられるようになるわけです。

　私たちが理想の形と見なす「純愛」も、近代以降に生まれた純粋な関係性の表れです。純粋な関係性は、家の圧力や財産などの利害関係といった、愛情以外の影響や圧力を遮断する一方、生殖という目的からも愛情を解放します。生殖から性愛が解放されると、社会は結果として、男女間の異性愛以外のさまざまな性愛関係にも寛容になります。

　ただし、法・制度、習慣、道徳による支えを失った純粋な関係性はとても壊れやすく、不安定なものでもあります。2000年代以降、純愛ブームと言われてきましたが、それは同時にドメスティック・バイオレンスやデートDVに注目が集まった時期とも重なります。純粋な関係性という平等な関係が広がり、潜在的に存在していた暴力に人びとが批判的かつ敏感になる一方、逆にその不安定な男女関係が心理的不安、そして暴力を呼び起こしている可能性もあります。

30秒でわかる！ ポイント

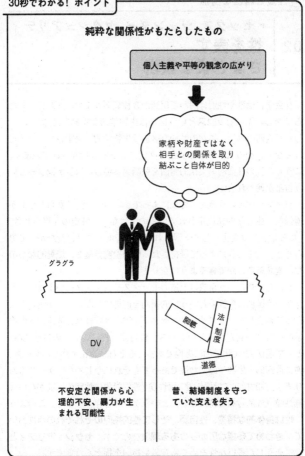

純粋な関係性がもたらしたもの

個人主義や平等の観念の広がり

家柄や財産ではなく
相手との関係を取り
結ぶこと自体が目的

グラグラ

DV

法・制度

道徳

不安定な関係から心
理的不安、暴力が生
まれる可能性

昔、結婚制度を守っ
ていた支えを失う

6 性愛と親密な関係

▶セックス、ジェンダー、セクシュアリティ

02 性を表す さまざまな表現

　社会学には性や性別に関わる用語が3種類あります。一般に、私たちになじみ深い**セックス**という区別は生物学的な差異を意味します。しかし人間の場合、男女の性的な区別は生物学的に決定されているだけでなく、その人が属する社会や文化によっても形成されています。こうした性の社会的・文化的側面を強調する場合には**ジェンダー**という言葉が使われます。

　ジェンダーという概念の導入によって、「男らしさ」「女らしさ」が遺伝的・生物学的に決定されているのではなく、特定の「男らしさ」「女らしさ」は文化として学習されるものであること、したがって男らしさ、女らしさによって維持される**性別役割分業も、流動的なものだと考えることができる**ようになります。

　しかし、性という現象は上述のセックスやジェンダーのように、男女という区別、異性愛という性的指向を前提にしないことが明らかになってきました。まずインターセクシュアルと呼ばれ、遺伝的・生物学的に性別の判定が難しいケース、性自認（性についての自己認識）として遺伝的・生物学的に男性であってもそれに違和を感じるケース、逆に遺伝的・生物学的に女性であってもそれになじめないケースもあります。性的指向では同性愛、両性愛（性的対象に性別の区別がない）、無性愛（性的対象を持たない）というケースも存在します。このように**性は身体的な特徴、性自認、そして性的指向のそれぞれの点において、きわめて多様な広がりのある現象なのです。セクシュアリティ**とは、そうした多様な性をめぐる意識や指向を捉える言葉です。

30秒でわかる！ ポイント

性別を表す社会学の3用語

①セックス

生物学的な差異を表す

オスかメスか

だけど、男らしさ、女らしさは遺伝的・生物学的に決まるわけではないよね

②ジェンダー

性の社会的・文化的側面を強調するときに使われる

例）男は仕事、女は家事・育児

だけど、性という現象は男女の区別・異性愛という性的指向を前提としない

③セクシュアリティ

多様な性をめぐる意識や指向を捉える言葉

例）身体は男だけど、心は女

6 性愛と親密な関係

▶ ヘゲモニックな男性性

03 男の中の上下関係

近代家族は、家長となる男性が家族と家族の財産を管理する側面を持っているとして批判の対象になることがあります。また家父長的な性格は職場でも見られることがあります。一般にこうした男性性の支配的性格は、女性を従わせることによって成立すると考えられています。しかしオーストラリアの社会学者ロバート・コンネルは、男性性の内部にも上下関係があり、それが男性性の支配的性格を支えていると主張します。

コンネルは、社会の支配的な構造と結びついた男性性を**ヘゲモニックな男性性**、自らは支配的な男性となりえないが男性支配を支持することで地位を維持しようとする**共犯的男性性**、男性の支配に危機をもたらす**従属的男性性**（ゲイの男性など）という三つの階層の存在を指摘します。コンネルの主張のポイントは、社会で優位を占める**ヘゲモニックな男性性は、従属的男性性を否定することによって、維持され強化される**という点にあります。あるいは共犯的男性性や、ヘゲモニックな男性性を支持する女性たちからの支持によって支えられます。

しばしば、男性が女性を差別することによって、男性中心社会が維持されていると考えられてきましたが、コンネルの研究によって、男性性内部にも上下関係が存在し、従属的男性性を否定することでヘゲモニックな男性性の権威が維持されるメカニズムが浮かび上がりました。**男性の権威、そして女性に対する男性支配の仕組みは、男性社会の内部の上下関係を通しても再生産されている**とも考えられます。

30秒でわかる！ポイント

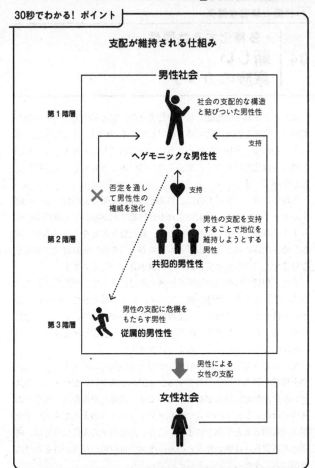

支配が維持される仕組み

男性社会

第1階層

社会の支配的な構造と結びついた男性性

ヘゲモニックな男性性

支持

✕ 否定を通して男性性の権威を強化

💗 支持

男性の支配を支持することで地位を維持しようとする男性

第2階層

共犯的男性性

男性の支配に危機をもたらす男性

第3階層

従属的男性性

男性による女性の支配

女性社会

6 性愛と親密な関係

▶ 多様化する共同性

04 | 新しい 家族のカタチ

　私たちがこれまで前提としていた男女の区別と異性愛に支えられた家族（再生産を担う近代家族）に対して、本章ではそうした家族の姿にとらわれない多様な性のあり方についてお話ししてきました。しかし性の多様化だけでなく、家族そのもののあり方も大きな転換期にさしかかっています。

　離婚するカップルの割合は、およそ3組に1組と言われ、かつ結婚するカップルのうち、男女いずれかが再婚である割合も上昇傾向にあります。離婚した男女が再婚すると、新たな子どもをもうけるケースも含め、産みの親が異なる子どもたちが生活を共にする可能性が高くなります。こうした家族を**ステップファミリー**と言います。

　また、現代では生殖補助医療技術の進歩によって、新たな家族のカタチが生まれます。**代理出産**によって、産みの母と育ての母が異なるケースはいうまでもなく、**人工授精**によって夫婦以外の他人から提供された精子もしくは卵子での出産が可能となり、遺伝子上まったく血縁関係のない親子が誕生するようになります。

　全世帯のうち、単独世帯の割合が増える傾向にある一方、一つの住宅を複数の個人や世帯で共有する**シェアハウス**や**コレクティヴハウス**という生活形態に注目が集まっています。高齢化が進むと、家族との同居ではなくシェアハウスやコレクティヴハウスのような共同生活を選ぶ人も増えると予想されます。こうした社会学の知見に立てば、血縁のある家族とは別の他人との共同生活の可能性に社会が目を向ける時期にさしかかっていると言えるでしょう。

30秒でわかる！ ポイント

血縁と関係ない家族のカタチ

ステップファミリー

離婚

産みの親が異なる子ども
たちが生活を共にする

代理出産

人工授精

生殖技術の進歩による
新たな家族のカタチ

シェアハウス、コレクティヴハウス

血縁のない他人との
共同生活

6 性愛と親密な関係

column

性の解放と社会学

セクシュアリティに関する社会学は、単に社会学内部だけではなく、他の研究分野や現実の社会運動と強く結びついて発展してきました。ここで社会学と現実の社会運動との接点を見てみましょう。

フェミニズムは女性に対する不当な差別や抑圧を取り除いたり、そうした抑圧的な社会の変革をめざす運動のことです。歴史的には、女性に参政権がなかった時代に、いわゆる婦人参政権運動を通して男女の法的な平等をめざした第1期と、近代的な家父長制家族における**性別役割分業の撤廃**といった法の下での平等だけでは達成できない、より実質的な平等を求める第2期に分けられます。とくに第2期のフェミニズムは社会学の家族研究に大きな影響を及ぼし、本書で紹介してきた近代家族論の土台を形成しています。

フェミニズムや、これまでの研究や学問を女性の視点から批判的に見直そうとする**女性学**のインパクトを受け、1970年代に**男性学**という分野も誕生しました。ここでは「男らしさ（男性性）」が持つ抑圧的な性格が批判の対象となり、**男性性が男性自身に対しても抑圧的である**ことを明らかにしました。たとえば「力強く男らしく」あることが要求され、それを満たさない男性は軽蔑の対象になるなど、男らしさは男性が身にまとわなければならない鎧と考えられました。

フェミニズム・女性学や男性学が、女らしさ／男らしさに対する批判であったのに対して、**クイア・スタディーズ**はフェミニズム・女性学、男性学が前提としている異性愛文化を批判しました。クイアとは「Queer（奇妙な）」という英語を語源とする男性同性愛者の蔑称でしたが、現在ではレズビアンをはじめとする**性的マイノリティに関わる**

研究領域の総称として使用されています。

セクシュアリティに関する研究の発展

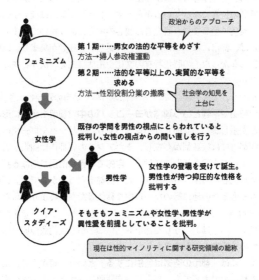

政治からのアプローチ

フェミニズム

第1期……男女の法的な平等をめざす
方法→婦人参政権運動

第2期……法的な平等以上の、実質的な平等を
求める
方法→性別役割分業の撤廃

社会学の知見を
土台に

女性学

既存の学問を男性の視点にとらわれていると
批判し、女性の視点からの問い直しを行う

男性学

女性学の登場を受けて誕生。
男性性が持つ抑圧的な性格を
批判する

**クイア・
スタディーズ**

そもそもフェミニズムや女性学、男性学が
異性愛を前提としていることを批判。

現在は性的マイノリティに関する研究領域の総称

▶ 都市の類型学

01 | 都市の空気は 自由にする

　現代を生きる私たちにとって、都市は少しなじみの薄い存在かもしれません。というのも都市が私たちにとって見知らぬ人々が多数存在する匿名の世界になっているからです。しかし、都市は社会学の成立期から現代に至るまで、研究者の関心の中心にあり続けています。なぜならば、都市にはつねに外部からの新しい移住者が集まり、以前には存在しなかったその時代特有の文化や生活様式を、次々と生み出してきたからです。

　なかでも、マックス・ヴェーバーはいち早く都市の重要性に注目し、**市民の自由や平等という理念がヨーロッパの中世都市を土壌に形成された**と主張しました。同じヨーロッパでも、ギリシャやローマのような古代都市には奴隷制が存在し、またアジアの諸都市は強大な君主の権力によって支配されたのに対し、**自由で平等な市民からなる共同体**を多数形成したのが、ヨーロッパの中世都市だったからです。都市では、もともとその地に縁のない自由な移住者たちが集まり、新たな共同体を形成することで、高度な自治を発達させることができたのです。ヴェーバーは、こうした都市共同体こそが近代社会の成立にとってきわめて重要な役割を果たしたと考えました。

　ドイツには「**都市の空気は自由にする**」という言葉があり、たとえ君主の隷属民であっても、都市で一定期間暮らすと元の主人の支配から解放されました。「市民（Bürger）」の語源は「城（Burg）の住人」という意味であり、**都市は一つの城塞として外部の権力から自由な空間を形成した**のです。

30秒でわかる！ポイント

外部の権力から自由になれる空間＝都市

ギリシャ・ローマなど の古代都市	アジアの諸都市
奴隷制	強大な君主による支配

対照的

城塞の役目

ヨーロッパの中世都市

都市の空気は
自由にする（ドイツ）

都市共同体

自由・平等な空間

元の主人の
支配から解放

君主の隷属民

外部から
の移住者

高度な自治の発達

近代社会の成立

7 都市と地域社会

▶ 都市と無関心

02 | 満員電車は
人を個性的にする

　朝、通勤電車に乗ると、乗客の多数がスーツをきちっと着こなした男性たちだということに気づくでしょう。同時に、大都市に生活する人間はなんて没個性的だと思うかもしれません。しかし、ヴェーバーと同時代人のゲオルグ・ジンメルは、**大都市こそが住民の個性を育む**と論じました。19世紀から20世紀にかけて、都市は巨大な国民国家の政治、経済、文化の拠点へと成長していきます。なかでもジンメルが分析の対象としたのは、国家統一を成し遂げ、西欧の大国へと発展したドイツ帝国の首都ベルリンでした。

　ジンメルによると、都市では莫大な数の人びとと共に暮らしていかなければなりませんし、生活のリズムも田舎とは比較にならないほど速いと言えます。このような場所で生きていくためには、人間関係において、互いに干渉せずに距離を保つ必要があります。また、一つひとつの出来事に対して冷淡で無関心な態度をとる一方、心理的な倦怠感も抱き続けるという特徴もあります。

　しかし、こうした**表面的に冷淡で無関心な態度をとることで、逆にさまざまな外的な圧力を遮断し、個人の内面世界を守ることができる**と言えます。実際、満員電車の乗客は表面的に互いに無関心のように見えますが、その振る舞いは、メールやSNSのチェックをしたり、本や新聞を読んだり、居眠りをしたりと実に多様です。またアーヴィング・ゴフマン（1922-82）は、都会で人びとが他人に無関心であるのは**他人に対して干渉する意図がないことを示す儀礼作法である**と述べ、このような態度を**儀礼的無関心**（市民的無関心）と呼びました。

30秒でわかる！ ポイント

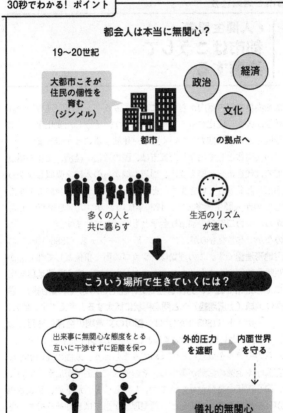

都会人は本当に無関心？

19〜20世紀

大都市こそが
住民の個性を
育む
（ジンメル）

都市

政治　経済　文化
の拠点へ

多くの人と
共に暮らす

生活のリズム
が速い

こういう場所で生きていくには？

出来事に無関心な態度をとる
互いに干渉せずに距離を保つ

外的圧力
を遮断

内面世界
を守る

逆に自由と個性が発達する

儀礼的無関心
（市民的無関心）

▶ 人間生態学

03 都市はこうして発展する

　視線を満員電車の車内から車窓に向けてみると、電車が進むにつれて、風景が大きく変化することに気づきます。そうした変化から、都市が発展し、郊外に拡大していく様子を体験することができます。

　市民の共同体として出発した都市は、国の政治、経済、文化の拠点としての近代都市へと姿を変え、周辺地域からの人口を吸収しながら巨大都市へと発展していきます。そうした都市の構造や発展モデルを探究したのが**人間生態学**です。1930年代のシカゴ大学を拠点としたことから、**シカゴ学派**の都市社会学とも呼ばれています。

　そのなかで有名なものが、アーネスト・バージェス（1886-1966）の**同心円地帯理論**です。この理論は、シカゴの街を事例として都心部からの距離と住宅地の広がりをモデル化したもので、**中心業務地区を出発点に遷移地帯を経て、労働者住宅地、住宅専用地（中産階級）、通勤者居住地域（上流階級）へと同心円状に拡大する**と考えます。他方、ホーマー・ホイト（1895-1984）は、**都市の交通網の発達に注目しながら、エリアごとに扇状に拡大するという**扇型理論を提唱しました。

　これらのモデルを東京に当てはめてみましょう。地価の高い都心には、官公庁や企業の活動が集中し、その外部に住宅地が広がっている点で、同心円状の発展が見られます。しかしＪＲ、地下鉄、私鉄各線の広がりや展開を考えてみると、扇型理論が当てはまりそうです。さらにチョーンシー・ハリス（1914-2003）とエドワード・ウルマン（1912-76）は、複数の核が役割分担をしながら発展するとする**多核心理論**を提唱しています。ぜひ、日本の代表的な都市に適用してみてください。

30秒でわかる! ポイント

都市の発展理論

同心円地帯理論

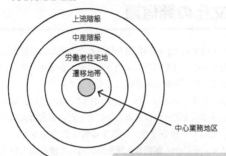

上流階級
中産階級
労働者住宅地
遷移地帯

中心業務地区

都心部からの距離と
住宅地の広がりをモデル化
（バージェスの説）

扇型理論

交通網に注目。エリア
ごとに扇状に拡大する
（ホイトの説）

多核心理論

核
核
核

複数の核が役割分担
しながら発展する
（ハリスとウルマンの説）

▶ 都市の生活様式と文化
04 都市は生活と文化の発信源

　大都市で生活すると、砂漠に取り残されたような孤独感と、新しい文化に出合える高揚感を同時に味わうことができます。都市は、そうした相異なる二つの体験を可能にしてくれます。

　シカゴ学派のルイス・ワース（1897-1952）は、都市自身が生み出す特有の生活様式を**アーバニズム**と呼びました。都市は人口・人口密度の高さ、そしてさまざまな人が集まる異質性の高さという性格を持っています。そこから**親密な人間関係に対して匿名の人間関係が優位し、住民相互が無関心となる**という都市生活独自の特徴を生むとしました。また都市では人びとは複数の集団に属するようになるため、**アイデンティティの一貫性を保つのが難しい**と考えました。それが原因となり、自殺や非行などの逸脱行動も多く見られると主張しました。

　ワースのアーバニズム理論が、人間関係の希薄さを強調するのに対し、クロード・フィッシャー（1948-）の**都市下位文化理論**は、同じ都市の特徴（人口・人口密度・住民の異質性の高さ）から逆の結果に注目します。規模の大きい都市では、**趣味を同じくする人と出会う可能性が高くなる**と考えられます。さらに**出会った人の数が多ければ多いほど、その文化を維持、発展させる可能性も高い**と言えます。たとえば日本でも玄人好みの演劇、映画館、ライブハウスは大都市に集中します。また海外からやってきた人も、大都市の方が地方よりも仲間を見つけ、コミュニティを作りやすいでしょう。池袋や新大久保に見られる新しいチャイナタウンやコリアンタウンの形成、新しい文化の発信は、大都市東京ならではの現象だと考えられます。

30秒でわかる！ ポイント

都市の二面性

アーバニズム理論

 人間関係の希薄さを強調

自殺・非行などの逸脱行動

↑

アイデンティティの一貫性を保つのが難しい

| 親密な
人間関係 | < | 匿名の
人間関係
住民相互が無関心 |

都市生活
独自の特徴

↕ 二面性

都市の特徴　**人口・人口密度・住民の異質性の高さ**

↕

都市生活
独自の特徴

趣味が同じ人と出会う可能性が高い。
出会った人の数が多いほど、その文化を
維持・発展させる可能性も高い

↓

玄人好みの演劇・映画館・ライブハウス、
チャイナタウン、コリアンタウンなどができる

都市下位文化理論

人との出会いで新しい文化を発信

7 都市と地域社会

column

パサージュとファンタスマゴリー

集団の夢・神話世界としての都市

　大都市のデパートやショッピング・モールをウインドウ・ショッピングしながら散歩すると、きらびやかな商品に囲まれて幻想的な気分におちいることがあります。

　ドイツのヴァルター・ベンヤミン（1892-1940）は、19世紀のパリの**パサージュ**を題材として、人々を幻惑する**ファンタスマゴリー**（幻像）やそれらが生み出す夢＝神話の効果について分析しました。パサージュとは、当時めずらしかった鉄骨とガラスで囲まれた、内部に店舗が立ち並ぶショッピング・アーケードを言います。ファンタスマゴリーとは、映画が存在しなかった時代、ガラスに描いた絵画をランプでスクリーンに描き出す幻灯によって生み出された幻像のことです。

　パサージュでは商品がファンタスマゴリーとして機能し、その内部にいる人びとを集団の夢＝神話の世界に引きこみます。なぜなら、ファンタスマゴリーは人びとが**実現できなかった憧れや願望**（幸福のイメージ）を表現しているからです。現代社会では、誰でも子ども時代に帰れるディズニーランドのような空間を想像すればわかりやすいかもしれません。

　ただし、ベンヤミンの目的は人を幻惑する商品を批判することではありません。**幻想的な空間は、同時に夢からの覚醒を促す**と考えたのです。では人はどのようにして、夢から覚醒するのでしょうか。

　きらびやかな商品から立ち去ろうとするとき、ふと子ども時代の

（幸福な）記憶がよみがえる瞬間があります。**過ぎ去った過去が今この瞬間よみがえることで、私たちは夢から覚め、われに返る**のです。そしてそのとき、たとえ子ども時代の夢がかなえられていなくとも、すがすがしい感情を経験することがあります。私たちの**失われた過去**が、想起を通して救済された瞬間です。

都市が持つ神話性と救済の効果

パサージュ

> パサージュに並ぶ商品が
> 人々を夢の世界にいざなう

➡ ベンヤミンはこのような幻想的な空間が人々に
失われた過去を想起させ、救済する効果があるとした

8 変容する都市空間

▶ グローバル・シティ

01 | 国家を超える都市の形成

　これまで都市は、ある特定の地域、特定の国の政治・経済・文化の中心であり、情報の発信源でした。しかしグローバル化の進展によって、都市の機能も大きく変化しています。たとえば、これまで都市の発展は一国の経済に依存していましたが、世界がグローバル資本主義の内部に組み込まれた現在では、世界経済の状況に大きく左右されるようになります。こうした、世界のシステムの内部に組み込まれた新しい都市を**グローバル・シティ**と呼びます。

　グローバル・シティの代表的な研究者であるサスキア・サッセンによると、グローバル・シティには、**多国籍企業の本社、金融機関、それらを支える法律、会計、広告などを受け持つ企業が集積**します。ニューヨーク、ロンドン、東京がその代表です。

　グローバル・シティの誕生は、国内都市の再編成を進めます。サッセンの研究を踏まえた日本の都市社会学の成果によると、東京都庁の丸の内から新宿への移転に代表されるように、都心地域（大手町・丸の内・日比谷）には官庁や企業のグローバルな中枢管理機能が集中し、国内管理機能や成長産業、サービス業は副都心地域（新宿・渋谷・池袋）へと移転します。また国内の他の地域では伝統的な製造業が低迷します。具体的には金融機関を集積した東京への一極集中と製造業が国外移転した大阪の衰退として表れています。

　しかしグローバル・シティは世界経済への貢献によってそのランキングが決定されるため、国内で独り勝ちした東京も、現在では上海などにその座を奪われつつあります。

30秒でわかる！ポイント

グローバル・シティが誕生すると？

**グローバル・シティ
とは**

世界システムの内部に組み込まれた
新しい都市（たとえば下の三都市）

ロンドン

東京

ニューヨーク

**多国籍企業の本社、金融機関、法律・会計・広告
などの企業が集積する**

すると

国内都市の再編成が起きる

都心
地域

副都心

**官庁や企業の
グローバルな
中枢管理機能**
例
大手町・丸の内・日比谷

**国内管理機能、
成長産業、
サービス業**
例
新宿、渋谷、池袋

都心部以外の地域　**伝統的な製造業
の低迷**

例　大阪

▶インナーシティ問題とジェントリフィケーション
02 | 都市の再生を
めざして

　突然、文化施設や超高層住宅が建設されることで、街が活性化したり、減少していた人口が増加に転じたりすることがあります。こうした現象を説明するのが**ジェントリフィケーション**です。

　都市が急速に発展すると、それを支えるたくさんの安い労働力が必要となります。それらを提供する人々が集まるのが都市の業務地区の周辺であり、**インナーシティ**と呼ばれる地区です。83ページで取り上げた同心円地帯理論でいう遷移地帯に該当します。都市研究では、こうしたインナーシティには、相対的に所得の低い人々や外国からの移住者が生活し、さまざまな社会問題（**インナーシティ問題**）が発生すると言われています。

　東京ではバブル崩壊以降、低成長が続き、若年人口の減少、高齢化の進展、製造業の衰退によって、地域コミュニティが衰退するという問題を抱えています。またグローバル・シティへと成長するなかで、多国籍企業の本社や金融、法律、会計、広告などの業種が都心に集中する一方、新大久保や池袋などの近接エリアにはさまざまな労働に従事する新しい外国籍の住民がたくさん集まります。

　こうした都市が抱える課題を解決する手段が、ジェントリフィケーションです。ジェントリフィケーションとは、**衰退した地域を文化事業や再開発事業を通して再生させること**、そうした再開発した地域に相対的に裕福な人々が再移住しはじめる現象を言います。東京の場合でも、すべての課題を解決する万能薬ではありませんが、超高層住宅が建設され、減少していた人口が上昇に転じたと言われています。

30秒でわかる！ ポイント

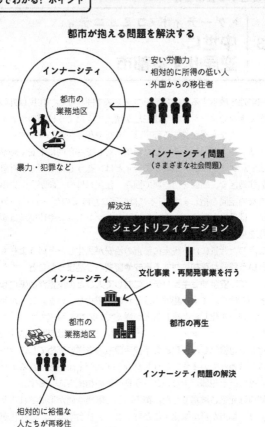

都市が抱える問題を解決する

インナーシティ

都市の
業務地区

・安い労働力
・相対的に所得の低い人
・外国からの移住者

暴力・犯罪など

インナーシティ問題
（さまざまな社会問題）

解決法

ジェントリフィケーション

＝

文化事業・再開発事業を行う

都市の再生

インナーシティ問題の解決

インナーシティ

都市の
業務地区

相対的に裕福な
人たちが再移住

⑧ 変容する都市空間

03 ▶ ゲーティド・コミュニティ
中世に逆戻りする都市

　住宅地を散歩すると、敷地をフェンスで囲うなど、住民以外の出入りができないマンションや住宅地が増えてきたように思われます。

　さまざまな人間が集まる都市は、非行や犯罪が起こりやすく、そこに生活する人びとは、そうした環境に対して潜在的に不安や恐怖を抱きます。**ゲーティド・コミュニティ**とは、そうした人びとを対象とした居住地区で、周囲を門や塀で囲み、住民以外の人間が自由に出入りできない空間を指します。日本には厳密な意味でのゲーティド・コミュニティは見当たりませんが、先に触れたマンションや住宅地は類似の機能を果たしていると考えられます。

　こうした背景には、現実に都市の治安が悪化したというよりも、**他者という異質な存在に対する不安や警戒心が高まったこと**、またそれによって、**安全やセキュリティに対して人びとの意識が敏感になったこと**があげられます。犯罪率はそれほど変化していないにもかかわらず、治安が悪化したと感じる人が増えているのも事実です。

　しかしゲーティド・コミュニティには、**実態とは無関係に「治安の悪化」を可視化し、人びとの不安や警戒心を逆に高めてしまう**効果があると言われています。こうしたコミュニティが建設されるエリアほど、そもそも犯罪が少ないという専門家の指摘もあります。

　都市は元来、城塞でした。都市内部に隔離空間が形成されるという点では、都市が再城塞化すると言えます。社会学では、近代化が行きついた先で中世に逆戻りする現象を**再封建化**と呼びます。ゲーティド・コミュニティの出現は、都市の再封建化と言えるかもしれません。

30秒でわかる！ ポイント

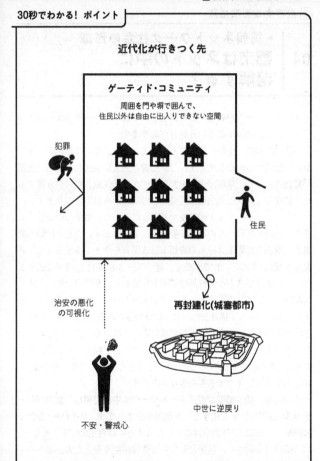

近代化が行きつく先

ゲーティド・コミュニティ

周囲を門や塀で囲んで、
住民以外は自由に出入りできない空間

犯罪

住民

治安の悪化
の可視化

再封建化(城塞都市)

中世に逆戻り

不安・警戒心

⑧ 変容する都市空間

▶ 情報ネットワーク社会の形成

04 | **都市はネットの中に
溶解する？**

インターネットが普及すると、都市がVR（ヴァーチャル・リアリティ）化し、消滅するという見方があります。

具体的な場所（土地）に人びとが集まり、家族やコミュニティを形成して生活するのが都市です。しかし資本主義が発達し、都市交通網が整備されると、家族で生業を営む時代から居住地と職場が分離するようになり、人びとの生活は「場所」の制約から自由になります。

さらにインターネットが普及することによって、生活の中からそもそも「場所」というもの自体が姿を消していきます。たとえば朝、職場から取引先に電子メールや書類を送る場合を考えてみましょう。必要な書類はパソコン上で作成し、電子メールに添付し相手に送ります。そのときポストや郵便局は必要ありません。郵便局を拠点とする集配経路は、インターネット上の電子ネットワークの中に溶解してしまっているのです。毎月支払われる給与の受け取り、光熱費の支払い、アマゾンの支払い、そして毎日の買い物の支払いも、カードやネットバンキングが普及した今、ATMや銀行の支店を経由する必要はありません。さらにテレワーク（インターネットを利用した在宅勤務など）が定着すると、オフィスも必要なくなります。

その結果、**都市機能が電子ネットワークの中に溶解し、都市がバーチャル・リアリティと化す**という見方が生まれます（**サイバー・シティの出現**）。ただし、社会学はこうした考え方には否定的です。むしろ、都市機能は集約され、結果として中枢管理機能を備えた大都市への一極集中が加速すると考えられるからです。

30秒でわかる！ ポイント

サイバー・シティは成立する？

1段階

都市の成立

土地に人々が集まり、
家族やコミュニティを
形成

2段階

職場　居住地

分離

交通網の発達により、
場所の制約から自由に

3段階

サイバー・シティ
が登場する？

社会学では
NO

都市機能が集約、中枢
管理機能を備えた大都
市への一極集中が加速
すると考える

インターネット
の普及で都市機
能はどうなる？

？

⑧ 変容する都市空間

column

無縁社会

孤独死３万人の現実

　厳密に言うと社会学の用語ではありませんが、**無縁社会**という言葉を耳にしたことはありますか？　ＮＨＫの番組で一躍有名になったのですが、その内容は衝撃的です。引き取り手のない遺体の数が年間３万2000体になるそうです。内閣府のデータによると、少子高齢化により2030年には単独世帯が４割弱になるとのこと。すでに2015年の段階でも生涯未婚率は男性約23パーセント、女性約14パーセントです。つまり「結婚して子どもを産み、年老いて子どもや孫に看取られて死を迎える」、そんなごく当たり前に思っている人生を歩む人がますます少なくなっていくと考えられます。

　しかし、これまで日本社会は集団主義だとか、個人主義が徹底していないと言われ続けてきたはずです。戦後日本社会は経済成長とともに農村の解体が進み、都市への労働力移動が起こりました。ここでいったん伝統的な血縁や地縁が失われたかのように思われました。ところが、会社という組織が従業員だけでなくその家族をも包摂し、血縁や地縁に代わるようなつながりを保証しました。しばしば経営家族主義と呼ばれる日本的経営です（終身雇用・年功序列・企業別組合）。

　その代償として、とくに企業戦士となった男性たちは地域やコミュニティと関わる機会を失い、退職や家族との死別によって社会そのものとのつながりを失うことになりました。無縁社会化は、「企業社会」と呼ばれた日本企業の成功の影と深く関わっています。

　近年、少子高齢化によって、町内会や地域活動の活性化が必要とさ

れています。その際、退職した男性をどのように迎え入れるかが大きな課題となっています。

退職した男性の行き場所は？

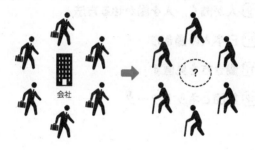

血縁や地縁の代わりに企業が社会とのつながりを
保証するようになったが、退職後に企業を離れることで、
男性が社会とのつながりを失うことが問題になっている

第 3 部

働き方と職場の
人間関係

【 第 3 部のねらい！ 】

公的領域、つまり労働と産業の世界を扱います（労働・産業
社会学）。まず資本主義誕生から、豊かな社会が成立する過程
を学びます。つづいて先進国が不況に苦しむなか、世界中か
ら注目を集めた驚異の日本的経営を取り上げます。そして日
本的経営が破たんした理由、過労死、非正規雇用、女性の働
き方、仕事を求めて海外からくる人びとなど、仕事に伴う問
題を論じます。最後に現代人にとってとても役に立つネット
ワーク理論を解説します。労働・産業と家族・地域社会は密
接に関連し合っています。第3部（生産）を終えて、第2部（再
生産）を読み返してみるのもよいでしょう。

⑨ 人が働く／人を働かせる方法

▶資本主義の誕生

01 資本主義はどうして生まれた？

　第2部では家族（再生産領域）とそれを取り囲む地域社会について考えてきましたが、ここからは仕事と労働の世界（生産領域）を説明します。私たちは会社に勤め、そこから賃金を受けとって生活する資本主義社会に生きています。そうした資本主義はどのように生まれたのでしょうか。ここでは代表的な二つの学説を紹介します。

　一つは資本の蓄積という産業資本主義にとって不可欠な出来事に注目するものです。キリスト教の一つである**プロテスタンティズム**が消費への欲望を抑圧し、禁欲的な生活態度を生み出すことによって、資本蓄積が可能になったという説で、おなじみの**マックス・ヴェーバー**が唱えました。

　もう一つは、需要と市場の拡大に注目するもので、ヴェルナー・ゾンバルト（1863-1941）の営利欲の解放説です。彼によると、**自由恋愛**こそが贈り物や贅沢品に対する需要を生み出し、それらを取り扱う市場や製造業（織物業や陶器製造業）が大きく発展したというのです。中世ヨーロッパでは、結婚は家と家との結合であり、結婚と恋愛は別物でした。自由恋愛は婚姻外（不倫関係や娼婦との関係）に求められます。そして、恋愛には贈り物がつきものです。贈り物や贅沢品を扱う市場をゾンバルトは**愛妾経済**と名付けました。ヴェーバーとゾンバルトは、宗教的な禁欲と自由恋愛に伴う贅沢というまったく異なる精神的態度に資本主義誕生の秘密を見出したのです。

30秒でわかる！ ポイント

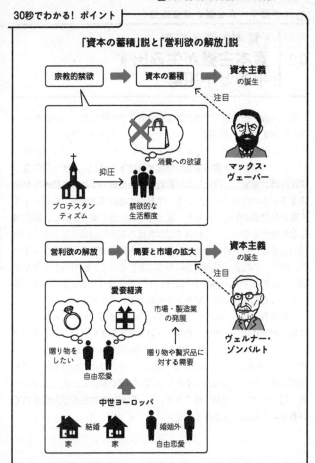

「資本の蓄積」説と「営利欲の解放」説

宗教的禁欲　➡　資本の蓄積　➡　**資本主義**の誕生

注目

マックス・ヴェーバー

プロテスタンティズム　─抑圧→　禁欲的な生活態度　✕消費への欲望

営利欲の解放　➡　需要と市場の拡大　➡　**資本主義**の誕生

注目

ヴェルナー・ゾンバルト

愛妾経済

贈り物をしたい　自由恋愛

市場・製造業の発展　← 贈り物や贅沢品に対する需要

↑

中世ヨーロッパ

家　結婚　家　　婚姻外　自由恋愛

9 人が働く／人を働かせる方法

▶ 資本主義と格差

02 | 資本主義が生み出す平等と不平等

　資本主義に批判的なマルクス主義の研究者の間では、社会は生産手段を所有する資本家階級（ブルジョワジー）と自分自身の労働力しか持たない労働者階級（プロレタリアート）という二大階級だけが残ると考えられました。**資本主義が発展すればするほど、両者の間に立つ中産階級が没落し、激化した階級対立から最終的に社会主義革命が勃発する**とされたのです。しかし、世界の先進資本主義国で産業化が進み**豊かな社会**が形成されると、**国民全体の生活水準が上昇し、階級対立が沈静化**します。とくに日本では戦後の高度経済成長によって、国民の大多数が自分自身を中流と見なす**一億総中流社会**が形成されました。ただし、社会全体が豊かになることによって、相対的な平等化が進んだと見なすのか、あるいは逆に不平等が残ったまま生活水準だけが上昇したと見るのか、見解が分かれるところです。

　1990年代以降の日本では、バブル経済の崩壊とグローバル化によって景気が低迷化し、貧困と格差に注目が集まります。社会学では人が一つの階層から他の階層へと移動する階層移動の研究、とくに世代（親と子）を超えて起こる世代間移動の研究が盛んでしたが、バブル崩壊以降、専門・管理職の子どもは高い**学歴**を獲得し、大人になると親と同じ専門・管理職に属するという、**閉鎖的な社会層が形成されている**という指摘がなされました。

30秒でわかる！ ポイント

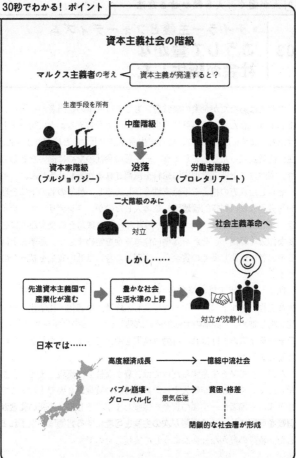

資本主義社会の階級

マルクス主義者の考え ← 資本主義が発達すると？

生産手段を所有

中産階級

資本家階級　　　没落　　　労働者階級
（ブルジョワジー）　　　　　（プロレタリアート）

二大階級のみに

対立　→　社会主義革命へ

しかし……

先進資本主義国で　→　豊かな社会　→　　対立が沈静化
産業化が進む　　　　生活水準の上昇

日本では……

高度経済成長　──→　一億総中流社会

バブル崩壊・　──→　貧困・格差
グローバル化　景気低迷

閉鎖的な社会層が形成

03 ▶テイラー主義とフォーディズム
こうして豊かな
社会が誕生した

　たとえばあなたが企業の経営者、もしくは人事の担当者だったとしましょう。なんとか従業員に一生懸命働いてもらえるように給料を上げたとします。しかし、これで必ず生産性が向上するとは限りません。逆に従業員だったとしましょう。一生懸命会社のために働いたとしても、突然コスト削減を理由に給料を減額されるかもしれません。

　そうした双方の抱える不確実性を払しょくし、科学の名の下に合理的な労務管理（**科学的管理法**）を導入したのが、フレデリック・テイラー（1856-1915）です。彼は労働者が一つの課題をこなすために必要な作業を算出し、それを基準に標準賃金を定めました。基準を上回る労働者にはより多くの賃金を、下回った者には低い賃金を払ったのです。

　他方、自動車工場の経営者ヘンリー・フォード（1863-1947）は、生産工程にベルトコンベヤーを導入し、作業の単純化・標準化・効率化を推し進め、自動車の大量生産に成功します。彼の生産システムは、**フォーディズム**と呼ばれ、自動車産業を超えてさまざまな製造現場に普及しました。

　ただし、モノを生産するだけでは、豊かな社会は実現しません。生産したモノを人びとが購入するためには高い賃金が必要です。そこで企業側は労働者に一定額の賃金を保証します。そしてこの**高い賃金が消費を可能にし、その消費が次の生産を可能にする好循環**が生まれました。戦後の豊かな社会がこうして実現したのです。

30秒でわかる！ ポイント

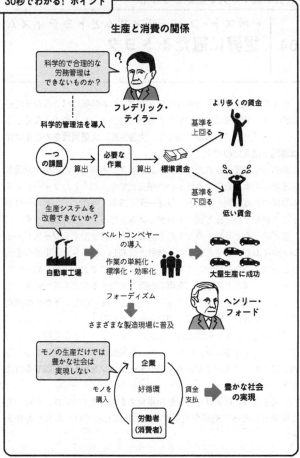

生産と消費の関係

科学的で合理的な
労務管理は
できないものか？

フレデリック・
テイラー

科学的管理法を導入

一つ
の課題 → 算出 → 必要な
作業 → 算出 → 標準賃金

基準を
上回る → より多くの賃金

基準を
下回る → 低い賃金

生産システムを
改善できないか？

ベルトコンベヤー
の導入

自動車工場 → 作業の単純化・
標準化・効率化 → 大量生産に成功

ヘンリー・
フォード

フォーディズム
↓
さまざまな製造現場に普及

モノの生産だけでは
豊かな社会は
実現しない

企業

好循環

労働者
（消費者）

モノを
購入

賃金
支払 → 豊かな社会
の実現

▶ポスト・フォーディズムとトヨティズム

04 │ 世界に冠たるトヨタ

オイルショックをきっかけにフォーディズム体制はほころびを見せ始めます。低成長によって雇用と賃金を保証することができなくなる一方、人びとのニーズが多様化し、**大量生産、大量消費をめざす時代は終焉を迎えた**のです。

かわって必要とされたのが、無駄を省き、多様化した市場や消費者の志向に柔軟に対応する新しい生産方式です。こうしたフォーディズム以降の生産体制を**ポスト・フォーディズム**と呼びます。その一つがトヨタ自動車の生産方式（**トヨティズム**、リーン生産方式）です。

まず必要なときに必要なものを必要な分だけ生産する**ジャスト・イン・タイム**がめざされました。無駄が徹底して排除され、生産の柔軟性が追求されたのです。さらにトップダウン型で大量生産をめざしたフォーディズムと異なり、**現場の判断**を重視する点にも特徴があります。また、現場の従業員が生産上の問題点を洗い出し、**下からの提案**によって生産システムの改良がはかられました。

その結果、仕事や組織に対する高いコミットメントが維持されたのです。そして仕事の分担についても、従業員が単一の作業に従事するのではなく、さまざまな仕事を**ローテーションを組んで経験する**方法がとられました。

コスト削減と従業員の自発性を重視するトヨティズムは、その一方で従業員にとって過酷な労働環境を生み出したという指摘もあります。

30秒でわかる！ ポイント

大量生産・大量消費からジャスト・イン・タイム方式へ

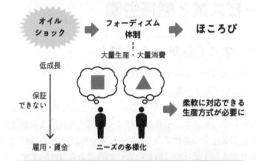

オイルショック ➡ フォーディズム体制 ➡ ほころび

大量生産・大量消費

低成長

保証できない

雇用・賃金　　ニーズの多様化

➡ 柔軟に対応できる生産方式が必要に

ポスト・フォーディズムの時代へ

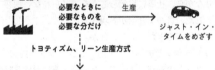

トヨタ自動車

必要なときに
必要なものを　　生産 ➡ ジャスト・イン・
必要な分だけ　　　　　　　タイムをめざす

トヨティズム、リーン生産方式

徹底的な無駄の排除と生産の柔軟性の追求

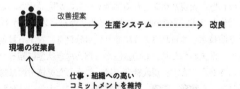

改善提案 ➡ 生産システム ----------> 改良

現場の従業員

仕事・組織への高い
コミットメントを維持

⑨ 人が働く／人を働かせる方法

column

サービス業と感情労働

商品化する「心からの笑顔」

　国際線の飛行機に乗って印象に残るのは、フライトアテンダントの笑顔ではないでしょうか。

　1973年にオイルショックが起こり、日本をはじめ先進国の経済成長は終わりを迎えます。それは同時にモノづくり（第二次産業）を中心とした工業社会の終焉であり、サービスや知識の生産（第三次産業）を基軸とする脱工業社会（情報社会）の到来をも意味します。工業社会では、生産を支える労働者たちは自分自身の労働力を商品化することによって賃金を得ていました。そして社会学では、本来自分自身の労働でありながら、仕事に自分らしさを感じられない状態を労働の疎外と呼びました。豊かな社会が実現することで、こうした労働の疎外を克服することができたのでしょうか。

　アメリカの社会学者アーリー・ホックシールド（1940-）は、フライトアテンダントの調査によって、サービス業における**感情労働**の存在を指摘しました。感情労働とは「心からの笑顔」のような本来的には内面の自然な表現と見なされる感情そのものが商品化されることによって発生します。感情が商品化されると、サービスの受け手（顧客）に対する演技が求められるようになり、自分自身に対する肯定感（自己肯定感）が失われたり、心的重圧から燃え尽き状態に陥ったりしてしまうことがあります。現代社会では、こうした感情労働は対人・接客サービスから**教育、医療、介護の領域**にまで拡大し、社会問題化しつつあります。

新しい労働がもたらした社会問題

第一次産業（農業）

第二次産業（工業）

第三次産業（サービス業、情報産業）

顧客に対して「笑顔」といった感情を商品として
提供する必要があるサービス業は、従業員の心に
大きな負担を与えるようになっている。

▶日本的経営

01 | 日本的経営と
三種の神器

　日本の雇用システムは、1970年代、80年代を通して**ジャパン・アズ・ナンバーワン**という言葉とともに、世界中の賞讃の的になりました。具体的な特徴としては、三種の神器と呼ばれる①**終身雇用**（長期的な安定雇用システム）、②**年功序列**（勤続年数に応じた賃金と昇進のシステム）、③**企業別組合**（組合が企業横断型・産業別ではなく企業内部で組織されるシステム）、そして新卒一括採用、充実した企業内研修制度、企業内福祉などがあげられます。また無駄な競争や敵対的な吸収合併を避けるため、個別企業を超えた企業どうしの株式の持ち合いなども含めることができるでしょう。

　リストラの嵐が吹き荒れる現代では少し考えにくいかもしれませんが、日本的経営の下では、労使はともに一つの**企業コミュニティ**を形成すると考えられ、不景気にあっても解雇以外の雇用調整によって経営危機を乗り切ったと言われています。

　しばしば日本的経営は、その集団主義的な特徴から日本の古い文化や長い歴史に根差したシステムと考えられています。実際に戦前の経営家族主義や日本古来の伝統文化（集団主義）にその起源を求める見方もあります。

　しかし最近の研究では、大企業を中心に日本的経営がシステムとして確立したのは、高度経済成長期だと言われています。むしろ、戦後の資本主義経済の発展に適用するなかで生み出された、当時最新のシステムだったと考えられるでしょう。

30秒でわかる！ポイント

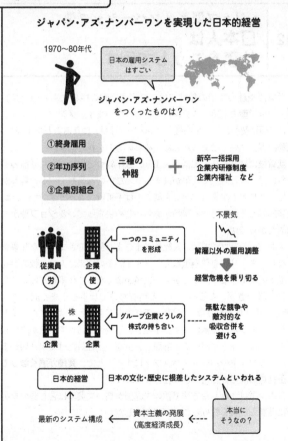

ジャパン・アズ・ナンバーワンを実現した日本的経営

1970～80年代

日本の雇用システムはすごい

ジャパン・アズ・ナンバーワン
をつくったものは？

① 終身雇用
② 年功序列
③ 企業別組合

三種の神器

＋

新卒一括採用
企業内研修制度
企業内福祉　など

一つのコミュニティを形成

従業員（労）　　企業（使）

不景気

解雇以外の雇用調整
↓
経営危機を乗り切る

グループ企業どうしの株式の持ち合い

企業　株　企業

無駄な競争や敵対的な吸収合併を避ける

日本的経営

日本の文化・歴史に根差したシステムといわれる

最新のシステム構成　←　資本主義の発展（高度経済成長）

本当にそうなの？

▶ ジョブ型とメンバーシップ型
02 ｜ 日本人は 仕事をこうして回す

　労働法や社会政策の領域では、日本型経営の中核にあるのは**メンバーシップ型**の雇用システムだと言われています。メンバーシップ型とは、雇用契約によって会社のメンバー（社員）になることを重視し、職務内容についてはあらかじめ決めないものを指します。

　就職後に研修を経て配属が決まり、数年経つと異動が当たり前の私たちには、入社時点で仕事が決まっていないのは当然ですが、海外から見ると仕事も決まらず契約を結ぶのは不可解なようです。欧米では、職務内容とそれに対する報酬があらかじめ決まっている**ジョブ型**が一般的だからです。

　メンバーシップ型では、入社後さまざまな部署でさまざまな仕事をこなし、キャリアを積み重ねていきます。その結果、人を比較的容易に配置転換できます。したがって業績がよくなって仕事量が増えても人員を増やさず、なるべく今いる現有勢力で仕事をうまく回します（そして正社員なら残業も当然）。それでもダメなときは、アルバイトやパートで不足分を補います。すると、不景気が訪れて業績が悪化しても、アルバイトやパートを解雇し、少ない正社員だけで乗り切れます。アルバイトやパートをバッファにすることで、**業績が悪くなっても正社員の雇用が維持できる**仕組みなのです。

　日本企業はこうした方法で他の先進国が高い失業率に苦しむのを尻目に順調な成長を続けることができました。

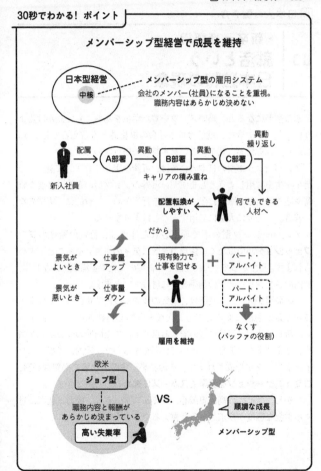

メンバーシップ型経営で成長を維持

日本型経営（中核） ----- **メンバーシップ型の雇用システム**
会社のメンバー（社員）になることを重視。
職務内容はあらかじめ決めない

新入社員 →配属→ A部署 →異動→ B部署 →異動→ C部署 → 異動繰り返し

キャリアの積み重ね

何でもできる人材へ

配置転換がしやすい

だから

景気がよいとき → 仕事量アップ → 現有勢力で仕事を回せる ＋ パート・アルバイト

景気が悪いとき → 仕事量ダウン → パート・アルバイト → なくす（バッファの役割）

雇用を維持

欧米
ジョブ型
職務内容と報酬があらかじめ決まっている
高い失業率

VS.

順調な成長
メンバーシップ型

▶ 新卒一括採用

03 就活という 日本独特の現象

　ある季節になると、黒いスーツを着た学生をあちこちで見かけるようになります。今や、就活は日本社会の風物詩とも言えるでしょう。しかしこれも世界に類を見ない日本特有の慣行なのです。

　メンバーシップ型の日本の企業は、可能な限り「潜在的に優秀」な新卒学生を採用しようとしますが、海外のジョブ型の企業は必要な職務や空きの生じた職務に限って募集を行うため、一般的に「実績のない若者」を一度に大量に雇用することはありません。

　メンバーシップ型の下で雇用された社員は、特定の職務の**プロフェッショナル**ではなく、**企業コミュニティ**の一員となることが求められます。したがって、入社後はその企業の文化や組織風土になじみ、社内のさまざまな部署の仕事を身に付けていきます。

　この雇用システムの長所は、景気の変動や技術革新によって仕事の種類や量が急激に変化しても、人員を素早く異動させることによって、新しい状況に迅速に適応できる点です。また同期のつながりが強く、さまざまな部署を渡り歩いて仕事をするので、社内にさまざまなネットワークが形成されます。その結果、**企画や仕事に必要な調整、コミュニケーションを素早くスムーズに進める**ことができます。

　しかし、会社への高い忠誠心、コミュニケーション能力、仕事に対する柔軟な態度が要求されると言えるでしょう。

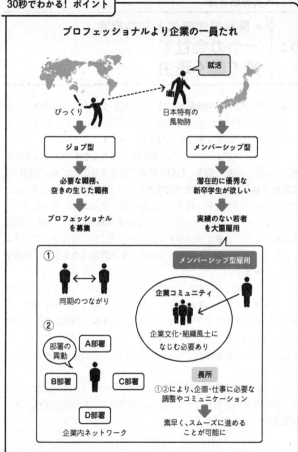

30秒でわかる! ポイント

プロフェッショナルより企業の一員たれ

就活

びっくり　　　日本特有の　　風物詩

ジョブ型　　　　　メンバーシップ型

必要な職務、　　　潜在的に優秀な
空きの生じた職務　　新卒学生が欲しい

プロフェッショナル　　実績のない若者
を募集　　　　　を大量雇用

メンバーシップ型雇用

① 同期のつながり

企業コミュニティ

企業文化・組織風土に
なじむ必要あり

② 部署の異動

A部署
B部署　C部署
D部署

企業内ネットワーク

長所

①②により、企画・仕事に必要な
調整やコミュニケーション

素早く、スムーズに進める
ことが可能に

▶ 長期安定雇用と年功賃金

04 一つの会社で 長く働く理由

　現在、若年層の早期離職が問題となっていますが、日本社会では依然として一つの会社に長く勤務するのが望ましいと考えられています。勤続年数に応じて賃金が上昇するためです。

　しかし、年功賃金というのは、**若い頃はもともともらえるはずの賃金よりも安い給料で働き、経験を重ねて昇給することによって若い頃に支給されるはずの賃金を手にする**という仕組みです。したがって、勤続年数が短ければ短いほど人生全体で損をすることになります。

　人生設計という観点から見ると、年齢を重ねるほど、結婚、出産、住宅購入などで出費がかさみますから、年功賃金は理に適っているように見えます。しかし、長期安定雇用と年功賃金はさまざまな問題を抱えていきます。

　従業員の高齢化が進むと、企業は相対的に高い人件費を負担しなければなりません。また組織は本来ピラミッド型をしていますので、高齢化が進むと徐々にポスト不足に陥ります（日本の組織は主任、係長、課長補佐、課長代理のように役職が細分化されている）。またこうして細分化された組織内部では、同期入社の間で出世競争が繰り広げられます。

　日本的経営の三種の神器のうち、労働組合の加入率が低迷化するなか、残る改革の対象となっているのが終身雇用（長期安定雇用）と年功賃金制と言えるでしょう。

年功賃金の問題

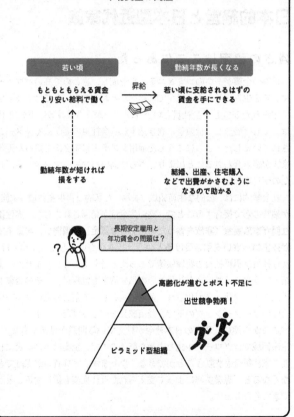

若い頃		勤続年数が長くなる

もともともらえる賃金
より安い給料で働く

昇給

若い頃に支給されるはずの
賃金を手にできる

↑

勤続年数が短ければ
損をする

↑

結婚、出産、住宅購入
などで出費がかさむように
なるので助かる

長期安定雇用と
年功賃金の問題は？

?

高齢化が進むとポスト不足に

出世競争勃発！

ピラミッド型組織

column

日本的経営と日本型近代家族

強さの秘密はここにあった

　日本の企業が一つのコミュニティを形成し、きわめて高いパフォーマンスを生み出したことはすでに述べたとおりです。今では終身雇用に守られた安定した会社員というイメージがありますが、1980年代はしばしば熾烈な出世競争に巻き込まれる会社員の姿が広くイメージされていました。さらにこうした雇用システムに第2部で扱った近代家族が組み合わさることにより、さらに高いパフォーマンスを発揮したのが日本社会でした。

　社会学的には、公的な生産領域（職場）と私的な再生産領域（家族）が独特の形で接合することで、高い生産性が発揮されました。**男性正社員が家族賃金（家族を養うために必要な賃金）を獲得し、専業主婦が家事いっさいを引き受ける**という仕組みが整いました。かつては、女性社員は男性社員の花嫁候補であったと言えるかもしれません。企業というコミュニティが社員とその私生活をも包み込み、その企業もまたグループ化、系列化され、強い権限をもって業界の上に立つ中央官庁のリーダーシップの下で、経済成長を成し遂げたのです。

　ここから逆に、現在の日本社会が抱えている問題が見えてきます。生産領域ではグローバル化と過激な競争の中で、企業は男性社員に必要な家族賃金を支払うことができなくなります。家族賃金が保証できなくなると、専業主婦によって支えられた近代家族も維持することができなくなります。

再生産領域の労働力が不足

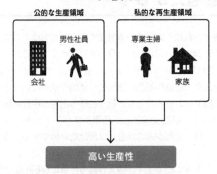

―かつての日本では―

公的な生産領域

会社　男性社員

私的な再生産領域

専業主婦　家族

↓

高い生産性

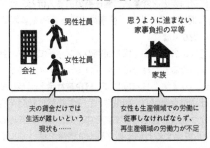

―ところが現在の日本では―

会社　男性社員　女性社員

思うように進まない
家事負担の平等

家族

夫の賃金だけでは
生活が難しいという
現状も……

女性も生産領域での労働に
従事しなければならず、
再生産領域の労働力が不足

11 働き方を見直す

▶過労死

01 死ぬまで働くのは
勤勉だから？

　海外で理解されにくい現象が過労死です。私たちはその原因を日本人の過度の勤勉さや上司からのパワハラに求めます。これらの答えはけっして間違いではありませんが、社会学としては自らの流儀に従い、個人を超えた組織の形態に過労死の要因を求めたいところです。

　日本的組織では、一人ひとりが担う仕事の内容が明確に決まっているわけではなく、組織全体として仕事やプロジェクトに取り組みます。組織の人員に余裕がある場合には問題ないのですが、作業量が増えて極端に人手不足になったり人が突然辞めたりすると、メンバーの負担が著しく大きくなります。**個人が担う仕事に客観的な上限がないために、無際限に負担が増えていく可能性があるのです。**

　こうした構造的要因を背景に、**責任感のある人ほど、仕事が集中し**ます。上司と面談を繰り返して仕事の内容と報酬を客観的に決めるジョブ型とは異なります。

　日本社会では、会社で働く限り組織のメンバーであり、会社を辞めると「仕事を辞める」だけではなく「コミュニティを失う」ことも意味する場合があります。日本はしばしば**企業社会**と言われます。企業社会とは、社会が企業中心に組織され、企業の外に社会＝居場所が存在しないような社会を意味します。その結果、仕事を辞めると、社会（居場所）から脱落するという孤立感や危機感を持ってしまうと言えるでしょう。

30秒でわかる！ ポイント

日本型雇用は会社＝コミュニティ

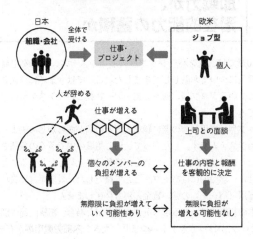

日本

組織・会社

全体で受ける

仕事・プロジェクト

欧米

ジョブ型

個人

上司との面談

仕事の内容と報酬を客観的に決定

無限に負担が増える可能性なし

人が辞める

仕事が増える

個々のメンバーの負担が増える

無際限に負担が増えていく可能性あり

↔

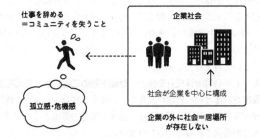

仕事を辞める＝コミュニティを失うこと

孤立感・危機感

企業社会

社会が企業を中心に構成

企業の外に社会＝居場所が存在しない

▶ 同一労働・同一賃金

02 即戦力か、 潜在的能力の蓄積か

　第10章では、メンバーシップ型の雇用システム、長期安定雇用と年功賃金についてお話ししてきました。ここでは今まさに導入されようとしているジョブ型、同一労働・同一賃金というシステムについて考えてみましょう。

　ジョブ型は雇用契約の際に職務内容と報酬があらかじめ決まっている雇用システムです。したがって、同じ組織の中で多くの職種を渡り歩いたり、勤続年数によって賃金が自動的に上昇したりすることはありません。理論的にはバッファとして機能した正規雇用（社員）と非正規雇用（パート）の強い賃金差別も存在しません。

　日本の組織では、あるポストに欠員が出た場合、組織内部の別のポストから人が移ってきます。つまり、大きな**内部労働市場**が存在し、そこから人材が採用、補充される形になります。それに対してジョブ型の雇用システムでは、労働市場は外部に開かれており（**外部労働市場**）、いわゆる中途採用が普通に見られます。ジョブ型、同一労働・同一賃金の下では転職、中途採用による不利はメンバーシップ型ほど大きくないと言えるでしょう。

　そもそも年功賃金は歳月を重ね、**経験を積むことによって潜在的能力が蓄積される**という哲学に立脚しています。グローバル化と情報化が進展する世界では、時間のかかる潜在的能力の蓄積よりも即戦力となる人材が優先されるのかもしれません。

30秒でわかる！ ポイント

ジョブ型とメンバーシップ型雇用システムの違いは？

メンバーシップ型雇用

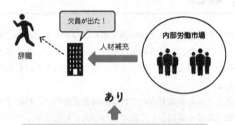

あり

- 同じ組織内の中で多くの職種を渡り歩く
- 勤続年数で賃金が自動的に上昇する
- 正規雇用（社員）と非正規雇用（パート）の賃金差別

なし

ジョブ型雇用

[特徴]
・雇用契約の際に職務内容と報酬が決まっている
・同一労働・同一賃金
・転職、中途採用による不利は大きくない

11 働き方を見直す

▶外国人労働者

03 移民がやってくる
理由

　世界中でたくさんの人々が母国を離れ、移民として海外で働いています。日本でも移民という言葉は用いていませんが、たくさんの人が海外から訪れ仕事に従事しています。彼ら／彼女たちはなぜ海外で働くのでしょうか。

　人間はもともと利益を求めて**合理的な選択を行い、行動する**と考えれば、海外で働く要因として次の二つがあげられます。一つは送り出す国の側の要因（プッシュ）であり、戦争・内戦や貧困などが考えられます。もう一つは受け入れる国の側の要因（プル）で、豊かな生活や国内の労働力不足があります。これらの要因から人の国際移動を説明するのが**プッシュ＝プル理論**です。この理論が合理的な個人を出発点とするのに対して、個人を超えたシステムや制度の存在に注目する研究もあります。これがエスニック・ネットワーク論です。

　個人を超えた**エスニック・ネットワーク**がすでに存在し、その内部で生活環境、仕事、賃金の情報、生活する場所や働く場所まで提供されます。こうした同国人のネットワークが海外で働こうとする人びとを引き付けます。日本でも海外から来た人びとがたくさん生活する場所には、こうしたネットワークが存在しています。送り出す国の要因、受け入れる国の要因、そして二つの国をつなぐネットワークが形成されたとき、多くの人が移民となって国境を越えていくと考えられます。そして日本はすでに、これらの条件を満たしていると言えるでしょう。

30秒でわかる！ ポイント

プッシュ＝プル理論とエスニック・ネットワーク

個人を出発点とする「プッシュ＝プル理論」

> 海外で働くのは、
> なぜだろう？

合理的な選択

内戦、貧困など　　　　　　　　　豊かな生活、労働力不足

プッシュ要因　　　　　　　　　　**プル要因**

個人を超えたシステムや制度の存在

③
エスニック・ネットワーク

生活環境、仕事、
賃金の情報、生活場所、
仕事場も提供

①プッシュ要因　　　　　　　　　　**②プル要因**

①＋②＋③　　➡　　多くの人が国境を越えて海外へ

▶ セカンドシフト

04 | 女性は仕事のあとに また仕事

　日本的経営の下では、夫が稼ぎ手として、必要な家族賃金の大半を稼ぎ出し、育児・介護・家事労働は専業主婦たる妻が担うのが標準モデルでした。しかし女性も男性と同じように会社や企業で働くようになると、これまで女性が担っていた育児・介護・家事労働はどうなるのでしょうか。残念ながら、男女共同参画社会への道のりは遠いようです。社会学者の診断を見てみましょう。

　まずアーリー・ホクシールド（1940-）という社会学者が提唱する**セカンドシフト**という概念をご紹介します。共稼ぎの夫婦であっても、女性たちはファーストシフト（会社での業務）が終わったのちも、セカンドシフト（家事や子育て）に従事しなければならないという事態を表したものです。

　セカンドシフトを解消するために男性が家事に取り組めばよい、ということになるのですが、ホクシールドはさらに、**グローバル・ケア・チェーン**という興味深い概念を提唱しています。これはサプライ・チェーンという経済学の用語から作られたものです。先進国の女性が外で働き始めると、家事や子育てなどのケア労働は、途上国出身の賃金の安い移民労働力（女性）に委ねられます。しかし、母国には当の移民たちの子どももいます。つまり、移民たちは自分の子どもを育てるために、比較的賃金の高い経済的に豊かな国の子どもを育てるという奇妙な関係が先進国と途上国の間で生じているのです。

30秒でわかる！ ポイント

女性が働き始めたら家事や育児はどうなるの？

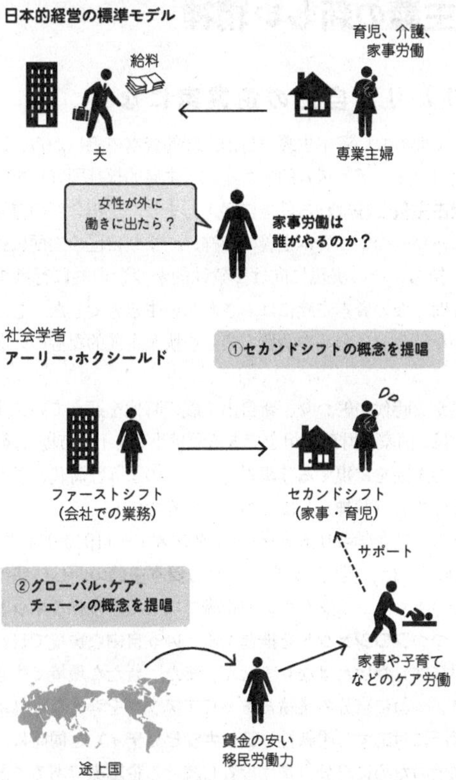

日本的経営の標準モデル

給料

育児、介護、
家事労働

夫　←　専業主婦

女性が外に
働きに出たら？　→　家事労働は
誰がやるのか？

社会学者
アーリー・ホクシールド

①セカンドシフトの概念を提唱

ファーストシフト
（会社での業務）　→　セカンドシフト
（家事・育児）

サポート

②グローバル・ケア・
チェーンの概念を提唱

途上国　→　賃金の安い
移民労働力　→　家事や子育て
などのケア労働

column

資本主義の新しい精神

一人ひとりが自己の企業家になる

　誕生して間もない資本主義（自由主義的資本主義）から、戦後の豊かな社会（フォーディズム的・ケインズ主義的福祉国家）を経て、現代は**新自由主義**と呼ばれる段階に突入しました。第3部の冒頭で紹介したヴェーバーのいう資本主義の精神、つまり自己の内面に強い信念や目的を持ち、その実現に向けて禁欲的かつ合理的に行動する態度は、誕生間もない資本主義にはふさわしい生き方でした。しかし、戦後の豊かな社会では余暇や消費を楽しむ快楽主義的なものへと変質します。

　今、豊かな時代が終わり、新自由主義の時代を迎えています。新自由主義とは、国家の財政負担をできるだけ小さくし、市場と競争原理、自己責任の原則を重視する仕組みです。このような時代に私たちに求められる生き方（精神）とはどのようなものでしょう。

　フランスの社会学者リュック・ボルタンスキー（1940-）とエヴ・シャペロ（1965-）は、現代人に要求される**資本主義の新しい精神**を明らかにしています。トップダウン型組織ではなく、多様な**ネットワーク**を活用しつつ**プロジェクト**を推進するという自由な環境で自己の能力を最大限発揮しなければなりません。また、新たな環境で生き残り続けるには、つねに自分の業績とキャリアアップを考えなければなりません。状況に対応する柔軟性（**フレキシビリティ**）と同時に、能力やスキル向上のために自分自身に投資し続ける**企業家**であることが要求されるのです。

新自由主義の世界とは

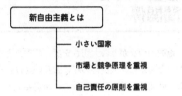

新自由主義とは
- 小さい国家
- 市場と競争原理を重視
- 自己責任の原則を重視

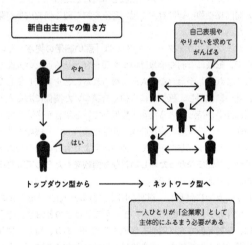

新自由主義での働き方

やれ

はい

自己表現や
やりがいを求めて
がんばる

トップダウン型から　　　　　　　　ネットワーク型へ

一人ひとりが「企業家」として
主体的にふるまう必要がある

01 ▶ 弱い紐帯の強さ
本当に役立つのは 薄い人間関係

　東日本大震災以降、地域のつながりの大切さを訴える声をよく耳にするようになりました。たしかに、大災害の際にお互い助け合うためには日ごろから親密な人間関係や強い絆を育むことが重要です。しかし、アメリカのサラリーマンの転職を事例にした研究で、そうした親密な人間関係や強い絆に対する思い込みを打ち破る研究成果が発表されました。

　マーク・グラノヴェター (1943-) は「**弱い紐帯の強さ**」という論文の中で、転職に有利な情報はいつも顔を合わせる近しい人間ではなく、ごくまれにしか会わない人から得られることを実証しました。つまり、互いに信頼し、感情的にも強く結びついた関係にある人どうしは、実は互いが持っている情報も類似している場合が多いのです。逆に弱い紐帯は、そうした複数の強い紐帯を橋渡しする機能を持っていると考えられます。したがって、強い紐帯よりも弱い紐帯の方が、**これまで自分が知らなかった新しい有益な情報をもたらしてくれる可能性が高い**と考えられるのです。

　たしかに互いに信頼し、親密な関係にある友人は、「まさかのときの友」ですが、「類は友を呼ぶ」ということわざのとおり、そうした友とは、活動範囲も交友関係も類似する傾向にあり、新しい情報、未知の資源にアクセスできる可能性は逆に低いと言えるでしょう。

30秒でわかる! ポイント

有益な情報は誰からもたらされる?

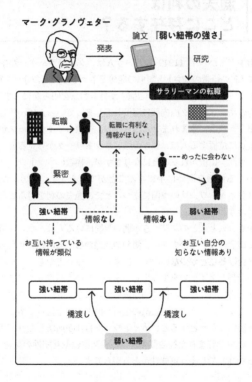

マーク・グラノヴェター

発表 → 論文『弱い紐帯の強さ』

研究

サラリーマンの転職

会社 → 転職 → 転職に有利な情報がほしい!

緊密 ←→

強い紐帯

情報なし

お互い持っている情報が類似

- - - めったに会わない

情報あり

弱い紐帯

お互い自分の知らない情報あり

強い紐帯 ← 強い紐帯 → 強い紐帯

橋渡し　　橋渡し

弱い紐帯

⑫ **集団とネットワーク**

02 ▸ **構造的な隙間**
**漁夫の利は
どこに存在する？**

ロナルド・バート（1949-）という人は、グラノヴェターが証明した仮説（弱い紐帯の強さ）と類似の発想でネットワークの分析を行い、ネットワークの**構造的な隙間**（空隙）が持つ利点を明らかにしました。

一つのネットワークの内部に埋没してしまっている人は、新しい情報に出会う機会に恵まれません。しかし、複数のネットワークが交わる交差点に位置する人は、個々の強いネットワークから見ると、構造上の「隙間」に置かれることになりますが、複数のネットワークの内部をめぐる情報を同時に手にすることができます。つまり、ネットワークとネットワークの隙間に立つことで、漁夫の利を得ることができるというわけです。

しかも、人と人との結びつきが弱い隙間にいる人は、新しい情報に触れる機会が多いだけでなく、**集団や組織からの強い影響や直接的な圧力を受けることが少ない**ので、旧来の古いやり方や考え方を超えた新しい発想とアイデアを生み出しやすい、という利点もあります。

しかし逆に、こうした構造的空隙の利点はネットワークの弱さも生み出します。というのも、組織の全員が漁夫の利を狙ってネットワークの隙間に立とうとすると、ネットワーク自体が崩壊したり、ネットワークの中で育まれた社会関係資本（相互信頼や互酬性の規範など）を失ったりしてしまう可能性があるからです。

30秒でわかる！ポイント

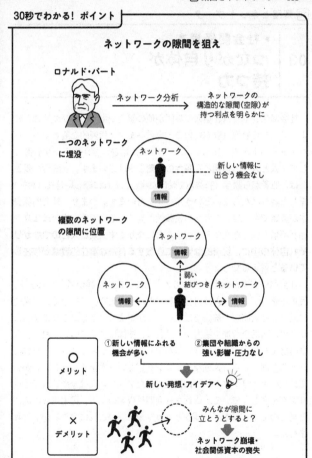

ネットワークの隙間を狙え

ロナルド・バート

→ ネットワーク分析 → ネットワークの構造的な隙間（空隙）が持つ利点を明らかに

一つのネットワークに埋没

ネットワーク
情報

新しい情報に出合う機会なし

複数のネットワークの隙間に位置

ネットワーク
情報

ネットワーク
情報

ネットワーク
情報

弱い結びつき

○ メリット

① 新しい情報にふれる機会が多い

② 集団や組織からの強い影響・圧力なし

→ 新しい発想・アイデアへ

× デメリット

みんなが隙間に立とうとすると？

ネットワーク崩壊・社会関係資本の喪失

03 ▶ 社会関係資本
つながり自体が
持つ力

　社会関係資本とは、個人や集団が他の個人や集団と結びつくことによって生じる資源（資本）のことを言います。代表的な論者であるロバート・パトナム（1941-）は、そうした結びつきが生み出す資源として、人と人との**信頼と互酬性の規範**を挙げています。互酬性の規範とは、他者から贈与（利益）を受けた場合、それに等しい返礼（お礼）をしなければならないというルールを言います。つまり、社会関係資本が豊富であれば、他者への信頼性が高く、そうでない場合は孤立や相互不信が強く存在するということになります。**人と人とのつながりそれ自体の中に、経済的な価値に匹敵する有益な潜在的資源が存在している**と言えるでしょう。

　社会関係資本が効力を持つものとして、民主主義が考えられます。民主主義の下では、人は自分の利益だけを考えるのではなく、自発的に協力し社会問題の解決をはかることが望ましいと考えられます。人びとの自発的な参加や協力がなければ、法律によって強制したり、大量の財源を投入するという無駄が生じたりするからです。パトナムは、こうした観点から『孤独なボウリング』という本を著しました。かつて地域のボウリングクラブに属していたアメリカ人は今や個人でボウリングを楽しんでいる。これを社会関係資本の減少、民主主義の危機と見たのです。日本では「ひとりカラオケ」がこれに当たるかもしれません。

30秒でわかる! ポイント

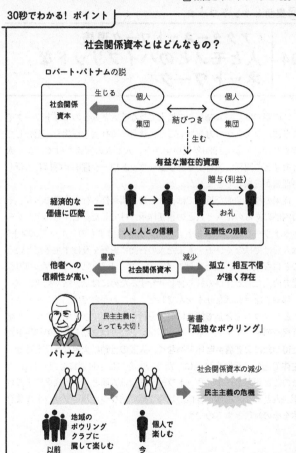

社会関係資本とはどんなもの?

ロバート・パトナムの説

社会関係資本 ← 生じる ← 個人／集団 ←→ 結びつき ←→ 個人／集団

↓ 生む

有益な潜在的資源

経済的な価値に匹敵 =

人と人との信頼

贈与(利益)／お礼

互酬性の規範

他者への信頼性が高い ← 豊富 — 社会関係資本 — 減少 → 孤立・相互不信が強く存在

パトナム「民主主義にとっても大切!」

著書『孤独なボウリング』

社会関係資本の減少

民主主義の危機

以前 地域のボウリングクラブに属して楽しむ → 今 個人で楽しむ

▶アクターネットワーク理論

04 人とモノとのハイブリッドな ネットワーク

　この章では、一人ひとりの個人ではなく人と人とのネットワークそ
れ自体がなんらかの力を持つことに注目する社会学理論をご紹介して
きました。しかし1980年代中頃から、人と人の関係だけではなく人
とモノとの関係に注目する**アクターネットワーク理論**と呼ばれる新し
い理論が登場してきました。

　従来の社会学的な見方では、社会は人間が作る社会集団であり、そ
の内部にあるのは人と人との相互作用だけでした。しかし、アクター
ネットワーク理論によると、人に影響を及ぼすもの（エージェント）
は人だけではなく、モノもまた人の行動に影響を及ぼす主体だという
ことになります。たとえば、インターネットやパソコンがない時代、
遠方の人たちと仕事の打ち合わせをするためには飛行機や列車に乗っ
て移動しなければなりませんでした。ところが今では、インターネッ
トとパソコンを介して簡単に会議を行うことができます。このとき飛
行機や列車、インターネットやパソコンなどは単なる**人間の利用をた
だ待つだけの道具＝客体ではなく、人間の行動に大きな作用を及ぼす
主体であり**、行動を可能にしたり、ときには不可能にしたりします。
このことからアクターネットワーク理論は人間と非人間に区別を設け
ず、人とモノ、主体と客体が対等な形で結びつくハイブリッドな集合
体をその対象とするのです。

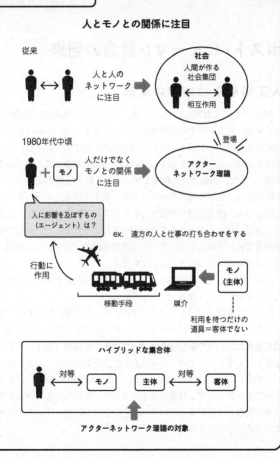

30秒でわかる! ポイント

人とモノとの関係に注目

従来

人と人の
ネットワーク
に注目

社会
人間が作る
社会集団

相互作用

1980年代中頃

人 ＋ モノ

人だけでなく
モノとの関係
に注目

**アクター
ネットワーク理論**

登場

人に影響を及ぼすもの
（エージェント）は？

ex. 遠方の人と仕事の打ち合わせをする

行動に
作用

移動手段　　媒介

モノ
（主体）

利用を待つだけの
道具＝客体でない

ハイブリッドな集合体

人 ←対等→ モノ　　主体 ←対等→ 客体

アクターネットワーク理論の対象

column

ポスト・ヒューマン社会の到来

人工知能と社会学の未来

19世紀半ばに誕生した社会学は、人と人とが生み出す社会関係、社会集団、社会制度をその研究対象にしてきました。それに対して21世紀は人の能力をはるかに超えた人工知能（AI）が発達し、モノとモノとがインターネットによって結ばれる時代になりました（IoTの実現）。また、囲碁という複雑なゲームで人間を圧倒するアルファ碁が開発され、見守り機能やセキュリティ機能を備えたスマートハウスが設計され、購入記録を集積することによって形成されたビッグデータを利用したマーケティング戦略が現実化してきました。そして労働の現場では、弁護士や医師などの高度な専門職でさえ、人工知能の発達によって消滅すると予言されています。

人間を超える知能と知能のネットワークが社会を形成するとき、はたして社会学はどうなるのでしょうか。

社会学は人間を対象としている半面、けっして**個人としての人間**だけを扱ってきたわけではありません。個人を超える巨大な社会という**目に見えない制度や集合体の構造（仕組み）と変動（変化）**をその対象としてきました。そのことがまた、社会学のわかりにくさ、あいまいさの原因にもなってきました。しかし、人工知能やIoTが生み出す**ポスト・ヒューマン社会**の到来によって、目に見えない個人を超えた集合的な力を分析するという社会学が潜在的に持っている学問としての可能性が開花するとも言えるでしょう。

拡大する社会学の対象範囲

これまでの社会学…個人と社会を扱ってきた

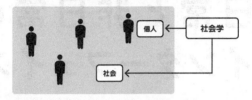

これからの社会学…個人、社会に加え、ポスト・ヒューマン社会も
扱うようになる

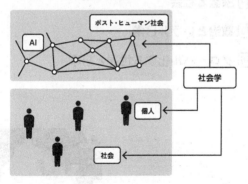

第 4 部

日常と非日常の
インターフェイス

【第4部のねらい！】

これまで再生産（私的領域）と生産（公的領域）を中心に見てきましたが、視点を180度転換して消費に目を向けてみましょう。日常生活を違った目で見渡すことができると思います。もちろん、社会は生産と消費だけで成立しているわけではありません。生産と消費の外側には、宗教や政治といった非日常的な世界が広がっています。ここでは文化社会学、宗教社会学、政治社会学などの主要理論を取り上げ、視界をずっと外まで広げてみたいと思います。また最近は社会学の対象も国家の枠を超えて、グローバルに広がっています。そこで、最後に国民国家や世界社会を社会学はどう見るかを、お話ししていきたいと思います。

13 神話世界としての消費空間

01 | ▶ 誇示的消費
消費するのは
何のため？

これまで仕事や家族（生産と再生産）の世界を見てきましたが、ここからは「消費」に目を向けてみましょう。突然ですが、消費の目的、すなわち私たちは何のためにモノを買うのでしょうか。衣食住の必要を満たすためでしょうか、それとも豊かで快適な生活を送るためでしょうか。

ソースタイン・ヴェブレン（1857-1929）という経済学者は、消費の目的の一つは他人への「見せびらかし」であるとし、そうした消費を**誇示的消費**と呼びました。社会学において、資本主義は禁欲的な生活態度から始まったと見るのが定説ですが、19世紀半ばになるとヴェブレンが生きたアメリカ社会では、上流階級を中心にぜいたくな暮らしが広がります。そうした現実を前に、彼は上流階級のぜいたくな暮らしは自分の満足のためではなく、他人への自慢、見せびらかしにすぎないと断じました。「インスタ映え」という言葉がある現代社会ではめずらしくない現象ですが、欲望とは他者の欲望である、つまり他者から羨ましがられることである、と主張したのです。

豊かな社会では、逆に人々は流行に翻弄されるようになります。ヴェブレンは、流行が発生する仕組みにも注目し、**流行は上流階級から下の階級に伝播する**というトリクルダウン説を唱えました。さらに、女性が男性よりおしゃれな理由を、**職業生活に組み込まれた男性が華美なファッションを断念した代わりに、妻たる女性が「見せびらかし」を代行する**ためだと説明しました。新時代の消費スタイルに敏感な彼でしたが、女性も職業を持つ現代では時代遅れの感が否めません。

30秒でわかる！ ポイント

経済学者ソースタイン・ヴェブレンの誇示的消費説

消費の目的

見せびらかし ＝ 誇示的消費

女性が男性よりおしゃれなのは、
夫である男性の「見せびらかし」を妻が代行するから

流行が発生する仕組み

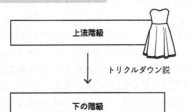

上流階級

トリクルダウン説

下の階級

▶ 依存効果

02 | 売れる商品とは？

　最新のスマートフォンや前評判の高いゲーム機が発売されると、お店の前に長蛇の列ができます。これは、メーカーが消費者の欲望を発見することに成功した事例と言えるかもしれません。

　しかし、そうした見方に異議を唱えたのが経済学者のジョン・ガルブレイス（1908-2006）です。ガルブレイスによると、欲望は生産の「前」から存在するのではなく、生産そのものに「よって」作り出されているということになります。つまり「売れる商品」というのは、**単に消費者のニーズを発見したのではなく、新たに消費者のニーズを作り出した**と考えられます。こうした現象を、ガルブレイスは消費が生産に依存していることから**依存効果**と呼びました。

　この概念は、これまでの「大量の商品＝豊かさ」という見方を転倒させたという点で画期的でした。それ以前は、商品がたくさんあふれる社会こそが豊かな社会でしたが、私たちの消費への欲望が商品の生産とともに作られるとすると、たくさんの商品が増えれば増えるほど、それだけたくさんの欲望が生み出されることを意味します。つまり、現代社会に生きる私たちは、**どれだけモノを手にいれても完全な満足や幸福に至ることがない**のです。今日、ロハス（健康と自然に配慮した持続可能な生活様式）に人びとの関心が向かう背景には、こうした私たちが気づかない、消費の生産に対する依存関係があるのかもしれません。

30秒でわかる! ポイント

経済学者ジョン・ガルブレイスの依存効果説

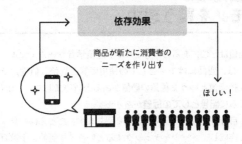

依存効果

商品が新たに消費者の
ニーズを作り出す

ほしい！

大量の商品　≠　豊かさ

大量の商品　＝　たくさんの欲望
が増えるだけ

満足や幸福に至らない

▸ 記号消費

03 | 私たちが
モノを買う理由

　商品の価値はどこにあるのでしょうか。経済学者カール・マルクス（1818-83）は、商品にはモノとしての使用価値と貨幣（値段）で表現される交換価値という2種類の価値があると言いました。しかし、商品にはさらに**記号としての価値**があります。

　商品は、自分の個性を表現する役割を持ちます。たとえばパソコンには文書を作成し、メールをチェックするという使用価値、十数万円という貨幣で表現できる交換価値に加え、個性やライフスタイルを表現する記号価値があります。Apple 製品を使う人は、そのデザインやスタイルに自分らしさを投影して買っているのかもしれません。

　ここで重要な点は、**記号そのものは何の意味も持たない**ということです。記号の意味は、記号と記号の差異に存在します。〈ネコ〉という生き物が「ネコ」という記号で呼ばれなければならない理由はありません。実際、英語ではcat、ドイツ語ではkatzeですから。むしろ「ネコ」という記号の意味は「イヌ」「サル」「キリン」といった**他の記号との差異**から生まれます。商品が表す個性も、他の商品との違い、たとえば Apple 製品なら NEC や TOSHIBA 製品との違いにあり、その違いの中に表現されます。また記号（言語）はそれらを組み合わせることで、無限の意味（文章）を作り出すことができます。同様に、商品を組み合わせれば無限の個性を生み出せます。フランスの社会学者ジャン・ボードリヤール（1929-2007）は、20世紀に日常化した豊かな社会を称して、**消費社会とは商品という記号が生み出す実体なき虚構、すなわち神話である**と看破しました。

30秒でわかる！ ポイント

商品とは記号である

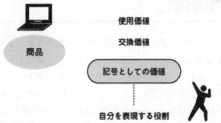

商品

使用価値

交換価値

記号としての価値

自分を表現する役割

商品の個性

他の記号との差異から生まれる

商品（記号）の組み合わせ
で無限の個性が生まれる

消費社会

商品という記号が生み出す実体なき虚構、
すなわち神話である
（社会学者：ジャン・ボードリヤール）

▶マクドナルド化と消費の殿堂

04 | 消費の合理化と再魔術化

　マクドナルドにはすばらしい工夫がたくさんあります。まずカウンターの配置。客は店に入ると、自動的に列を作り、商品を手にすると勝手に席につきます。食事が済むと、自分でトレーを下げ、ごみはごみ箱へ捨てます（客の従業員化）。レジは打ち間違いのないように数字を打ち込むのではなく、商品が記載されたボタンを押すだけです。また、誰でもハンバーガーを提供できるように一連の動作は単純化され、流れ作業のようにこなせます（食のテイラーリズム）。中身がたくさん入っているように見えるポテトの容器や、見た目のボリュームと食後の満足感を絶妙に両立させた肉の脂肪含有量も注目すべき点です。その卓越した工夫を挙げるとキリがありません。アメリカの社会学者ジョージ・リッツア（1940-）はこうした徹底した消費（欲望の充足）の合理化を**マクドナルド化**と名づけ、社会のあらゆる領域に広がるとしました。

　しかしその一方で、リッツアは**消費の合理化が進む反面、消費の再魔術化が進む**とも指摘しています。郊外のショッピングモールは映画館や娯楽施設を兼ね備え、まるで劇場のように私たちを異界へと誘うスペクタクルです。リッツアはこうした消費の施設を**消費の殿堂**と呼んでいますが、その代表と位置づけられるディズニーランドは、消費の場というよりも、夢の国、おとぎの世界になっています。このように私たちの消費は合理化（脱魔術化）と再魔術化を経験しているのです。

30秒でわかる！ ポイント

社会学者ジョージ・リッツアの説

食のテイラーリズム

動作の単純化、
流れ作業

消費の合理化（脱魔術化）＝マクドナルド化

商品を手にして
自分で席につく

自動的に列
を作る

客がトレーを下げ
ごみを捨てる

客の従業員化

↕ 消費生活の二面性

消費の再魔術化

消費の殿堂

映画館や娯楽施設を備えた
ショッピングモール

13 神話世界としての消費空間

column

ディズニーランドと現代社会

シミュラークルとシミュレーション

東京ディズニーランドが東京都ではなく、千葉県にあるのは周知の事実です。つまり、「東京ディズニーランド」は一つの記号なのです。実はこのことがディズニーランドと現代社会の特徴を非常によく表しています。

ボードリヤールは消費社会を分析するなかで、**シミュラークルとシミュレーション**という対概念を提唱しています。シミュラークルとは、オリジナルなき記号のことです。記号には、それを指し示すオリジナルな対応物（実在）が存在します。「えんぴつ」という言葉（記号）は、〈えんぴつ〉という、字を書く道具を指し示します。〈えんぴつ〉という実在するオリジナルが先にあります。

しかしIT技術が進歩し、VR（ヴァーチャル・リアリティ）の世界が肥大化すると、オリジナルなき記号がたくさん作られるようになります。ディズニーランドのさまざまなアトラクションも、ディズニー映画という物語に由来するという点ではオリジナル＝実在なき記号であり、それをシミュレーション（模造）したものが、ディズニーランドそのものと言えるでしょう。とはいえ、私たちはディズニーランドが夢の国であり、実在しないことは百も承知です。本当に怖いのは、「ディズニーランドは夢の国だね」と恋人と言い合ったその瞬間、ディズニーランドの外に本当の世界が実在していると思い込むことなのです。実は、私たちを取り囲む「**現実の世界**」もメディアが作り出した「**記号の世界**」にすぎないのに……。

オリジナルなき記号の世界

本来は…

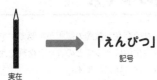

「**えんぴつ**」
記号

実在
（オリジナル）

シミュラークル…実在なき記号

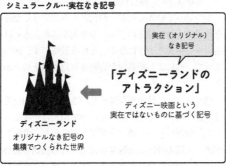

実在（オリジナル）
なき記号

「**ディズニーランドの
アトラクション**」

ディズニー映画という
実在ではないものに基づく記号

ディズニーランド

オリジナルなき記号の
集積でつくられた世界

⟶　しかしディズニーランドだけでなく、「現実の世界」も
　　本当はメディアが作り出した実在なき記号の世界…

14 宗教と社会

▶ 社会の脱魔術化

01 | 合理化する
社会のゆくえ

　宗教といえば、神の存在や教義の解釈が重要ですが、社会学では宗教が日常生活や社会生活にとってどのような役割や機能を果たしているのか、という観点から研究します。

　社会学において、宗教を考察するうえで重要な考え方が、世界の**脱魔術化**（脱呪術化）です。これまで何度か登場したヴェーバーが提唱したもので、人類は初め、超自然的で、非合理的な神話的な世界（観）にどっぷりとつかっていましたが、時代とともにそうした魔術的世界は合理的な科学によって神秘のヴェールを剝がされ、人々は脱魔術化した世俗的世界で生きるようになる、という意味です。かつて、生物進化論によって、神による創造説が否定されたのはそのわかりやすい例でしょう。

　しかし、ヴェーバーは世界の脱魔術化が進み、合理的な思想や生き方が行き渡ると、結果として利益や目的の実現だけを考える思想（目的合理性・形式合理性）や組織（官僚制）が広がり、**世界を統一的に説明する価値、人間の存在に意味を与えてくれる価値も失われる**と考えました。昔は、死後の世界の存在が、生きる意味や価値を保証しましたが、科学が進むと死後の世界の存在を証明するのが難しくなります。しかしそのために、科学技術が進歩すると、逆に神秘主義や超自然的現象に対する関心が高まることがあります。こうした事態を世界の脱魔術化に対して**再魔術化**と言います。

30秒でわかる! ポイント

マックス・ヴェーバーの説

世界の **脱** 魔術化

⬇

合理的な思想や生き方	科学技術の発達

利益・目的の実現
だけを考える思想
（目的合理性・形
式合理性）　　　組織（官僚制）
　　　　　　　　の広がり

死後の世界
の存在？

?

⬇

喪失

世界を統一的に説明する
価値、自身の存在に意味
を与える価値　　・・・・・・・>　超自然的現象に
　　　　　　　　　　　　　　　関心が高まる

⬇

世界の **再** 魔術化

▶ 聖と俗

02 | 社会とは
宗教そのもの

　世界の脱魔術化は、社会を覆っていた超自然的な宗教の影響力が薄れていくことを言いますが、それに対して社会学には**社会そのものが宗教である**という考え方もあります。

　フランスの社会学者エミール・デュルケム（1858-1917）は、宗教を「世界を聖と俗に分ける考え方」であるとしました。では、聖と俗との区別はどのようにして生じるのでしょうか。ここでデュルケムは**集合沸騰**という現象に注目します。集合沸騰とは、**個人と個人がその人格的な区別を超えて一体感を持つ状態**を言います。たとえば、同じ信仰を持つ人たちが儀式の中で感じたり、お祭の最中に感じたりする集合的な感情を言います。デュルケムによると、一方の個人と個人が一体化するお祭のような状態と、他方の個人が個人として独立して生活する日常との違いが、やがて**聖と俗の区別**として表れます。

　集合沸騰の体験、つまり聖なる体験が、特定の場所やシンボルによって記憶されると、それが教会や神社、十字架や仏像という宗教上のアイテムになります。デュルケムの宗教論の興味深い点は、**宗教の本質を神や神の教えに求めるのではなく、人びとが一つに融合する体験（集合沸騰）に求めた**ことと、十字架や仏像のような**宗教的なアイテムはそうした体験を象徴的に表現するシンボルだと考えた**点です。

　こうしたデュルケム的見方に立つなら、建国あるいは解放を記念する祝日や施設、国を象徴する国旗や国歌を持つそれぞれの国家もまた一つの宗教と言えるでしょう。

30秒でわかる！ ポイント

エミール・デュルケムの集合沸騰説

宗教

世界を聖と俗に分ける考え方

聖	俗

集合沸騰

個人と個人が人格的な区別　　　　個人が個人として独立して
を超えて一体感を持つ状態　　　　　　生活する状態

↓

体験 ← 宗教の本質

↓

集合沸騰の体験を象徴的に
表現するシンボル　➡

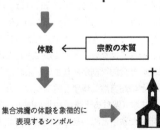

14 宗教と社会

03 | ▶ 聖なる天蓋
リアリティを
安定させる機能

　身の回りの習慣、規則、制度といった社会的現実を思い起こしてみてください。これらは自分たちが作ったものですが、心のどこかで初めからこの世に存在し、勝手に作ったり、変えたりできないものだと思っているのではないでしょうか。

　社会学者のピーター・バーガー（1929-2017）とトーマス・ルックマン（1927-2016）は、社会的現実は人間の活動の産物だとして、その作られ方を以下のように説明しました（**現実の社会的構成**）。すなわち、人間は自分が主観的世界で抱いていることを外部に表現する（**外化**）。外化された主観的世界が客観的制度へと変化する（**客体化**）。その制度を次世代の人間がすでに存在するものとして受け入れる（**内在化**）。こうした過程を経て、社会的現実が作られると言うのです。

　しかし、仮に社会的現実が人間の作る人工物であっても、その事実に人間は耐えられません。現実が人工物にすぎなければ、非常に移ろいやすく、もろいものとなり、そこに生きる私たちの人生もまた、不安定で壊れやすいものになってしまうからです。だから私たちは、現実が人工物であっても、そうではない、とどこかで思えなければならないのです。ここに宗教の社会的役割があります。宗教は、人工物にすぎない社会制度を神などの超自然的現象と結びつけ、天を覆う屋根のように、現実を保護します（**聖なる天蓋**）。中世の国王は自分が作った制度（王政）を神が定めた秩序と思わせたのがその例です（王権神授説）。脱魔術化が進んだ現代では、宿命、運命、運、科学も、宗教と同じ役割を果たしていると言えるでしょう。

30秒でわかる！ ポイント

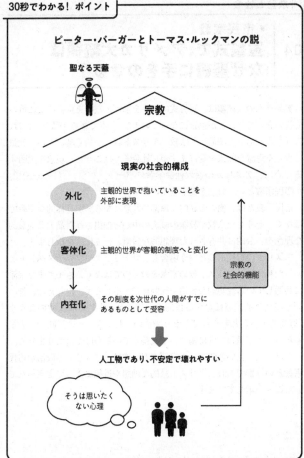

ピーター・バーガーとトーマス・ルックマンの説

聖なる天蓋

宗教

現実の社会的構成

外化　主観的世界で抱いていることを
外部に表現

客体化　主観的世界が客観的制度へと変化

内在化　その制度を次世代の人間がすでに
あるものとして受容

宗教の
社会的機能

人工物であり、不安定で壊れやすい

そうは思いたく
ない心理

14 宗教と社会

▶ 市民宗教
04 | 宣誓式で、アメリカ大統領は なぜ聖書に手をのせる？

アメリカの大統領は、宣誓式で右手を挙げ、左手を聖書の上に置いて誓いを立てることが慣習になっています。日本で暮らす私たちには、こうした政治（大統領）と宗教（キリスト教）が強く結びついた光景に少し不思議な印象を受けますが、社会学ではこうした現象を説明するために、アメリカの宗教社会学者ロバート・ベラー（1929-2013）が**市民宗教**という概念を提唱しています。

市民宗教とは、個人の私的な信仰の対象となる個別具体的な宗教ではなく、そうした宗教や教派の教えの中から抽出された最大公約数的な理念や、公的に共有された理想的な習慣、行動様式を指します。

アメリカの市民宗教という場合も、カトリックやプロテスタントといった具体的なキリスト教の宗派そのものではなく、さまざまな宗派に共通している理想的な習慣や行動様式を指します。たとえば、神のような精神的価値に対する信仰や、そこから生じる隣人愛のような「道徳的規範」と考えればわかりやすいでしょう。その意味で、大統領が特定の宗派の信仰に基づいて宣誓しているわけではありません。

とはいえ、広い意味での大統領の宣誓式は、アメリカの政治が市民宗教という形であれ、キリスト教的な理想や道徳によって支えられていることを示しています。

30秒でわかる! ポイント

ロバート・ベラーの市民宗教説

大統領の宣誓式

左手はバイブルの上に

キリスト教的な理想や道徳
に支えられている証

市民宗教

具体的な宗派でなく、さまざまな宗派に
共通する理想的な習慣・行動様式

14 宗教と社会

column

「日本人は無宗教」は本当か？

統計に表れる日本人の宗教観

昔に比べ、海外に出張したり、留学したりする機会が増えました。そこでよく耳にするのが、日本人は無宗教なのかという疑問です。

新年の参拝は神社で（神道）、結婚式は教会で（キリスト教）、お葬式はお寺で（仏教）……。最近では若い人の間でハロウィンを楽しむ習慣も始まりました。こうしてみると、日本人は誠実な信仰心などがなく、宗教をイベントとして体験しているだけに見えます。

日本人にとって「宗教を信じる」というと、特定の教祖がいて、体系化された教義・儀式、教団組織の整った団体のメンバーであり、教義や儀式を実践している人をイメージします。しかし、海外では宗教は死生観、倫理観（善悪の基準）と深く結びつけて考えられています。そのため、海外で宗教がないと言うと、倫理観や信念のない人と思われる可能性もあります。

とはいえ、先祖を大切にするとか、何らかの死後の世界がある、あるいは生まれ変わりがある、物質を超えた霊的・精神的な存在が実在すると信じている日本人はけっして少なくありません。私たちはこうした考え方を本来の宗教ではないと考えているので、自分を無宗教と考える傾向があるわけです。

ウェブですぐに見られる調査結果をご紹介しましょう。2013年の時点で宗教を信じていると答えた人は全体の28パーセント、信じていない人は72パーセントもいます。しかし、あの世を信じる人は40パーセントも存在します。あの世とは死後の世界であり、それを信じ

るのは宗教心の表れと考えられます。実際、宗教心が大切だと答える人は66パーセントも存在します。そして先祖を尊ぶ人・どちらかといえば尊ぶ人の合計は87パーセントにも及びます。この数字から、多くの日本人が「死んだら終わり」ではなく、死者に対する畏敬の念や独自の死生観を持っていると判断できます。

日本人の宗教観

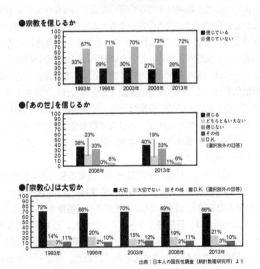

●宗教を信じるか

	信じている	信じていない
1993年	33%	67%
1998年	29%	71%
2003年	30%	70%
2008年	27%	73%
2013年	28%	72%

●「あの世」を信じるか

信じる／どちらともいえない／信じない／その他／D.K.（選択肢外の回答）

	信じる	どちらともいえない	信じない	その他	D.K.
2008年	38%	23%	33%	0%	6%
2013年	40%	19%	33%	1%	6%

●「宗教心」は大切か

大切／大切でない／その他／D.K.（選択肢外の回答）

	大切	大切でない	その他	D.K.
1993年	72%	14%	3%	11%
1998年	68%	20%	2%	10%
2003年	70%	15%	3%	12%
2008年	69%	19%	2%	11%
2013年	66%	21%	3%	10%

出典：日本人の国民性調査（統計数理研究所）より

⑮ 政治という非日常

▶ 支配の三類型

01 暴力だけでは
治まらない

　これまで、家族＝再生産（第2部）や職場＝生産（第3部）、ある
いは消費活動や精神生活（第4部）について見てきましたが、それら
の方向性を左右するのが政治（統治や支配）です。政治は生産、再生
産、消費の領域である〈社会〉を統治し支配します。ただ、生産や消
費などに比べると、政治はなじみの薄い非日常的な領域かもしれませ
ん。しかし社会学では、政治が安定するためには人々が日常的に統治
や支配を正統なものとして受け入れていることが大前提だと考えま
す。つまり、正統性が認められていない政治は安定しないのです。

　ヴェーバーは、人々が政治に対して抱く正統性を基準に、三つの支
配の類型化を行いました。**合法的支配**とは定められた法律や手続きに
裏付けられた正統性、**伝統的支配**は支配者が持つ、伝統的に継承され
た神聖性に裏付けられた正統性、**カリスマ的支配**は支配者の卓越した
能力（呪術的能力や優れた軍事的才能や演説の力など）に裏付けられ
た正統性から成立します。

　三つの支配のうち、伝統的支配は社会の脱魔術化とともに衰退し、
近代社会では合法的支配を代表する**近代官僚制**が優位になります。し
かし、発達した官僚制は硬直化し、さまざまな**逆機能**を生み出します。
そこでヴェーバーは、**日常的**にルーティーン化し、硬直化した組織を
動かすものとして、人びとの信任を得た、**非日常的**な能力を発揮する
カリスマ的指導者に期待を寄せました。ただし、ヴェーバーがヒト
ラーを知ったなら、カリスマ的指導者を支持したかどうかは、考える
に値する問いでしょう。

30秒でわかる! ポイント

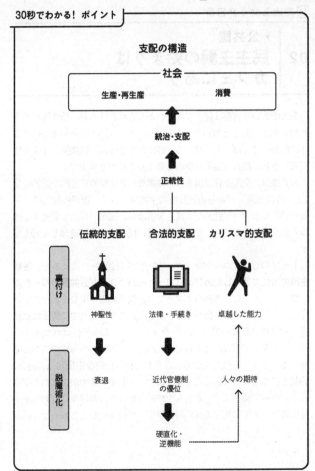

支配の構造

社会

生産・再生産　　　消費

↑

統治・支配

↑

正統性

伝統的支配　　合法的支配　　カリスマ的支配

裏付け

神聖性　　　法律・手続き　　卓越した能力

脱魔術化

衰退　　　近代官僚制　　　人々の期待
　　　　　　の優位

硬直化・
逆機能

▶公共圏
02 | 民主主義の始まりは
カフェにあり

　公共圏という言葉は聞きなれないかもしれませんが、公共性と聞く
と聞き覚えがあると思います。もとはドイツ語のÖffentlichkeitであ
り、原語では「圏」と「性」の区別はありません。**公共圏**とは公共性
が表現され、現れる場所や空間と考えることができます。

　公共圏は、支配を行う国家（行政機構）と市民の日常的な活動の場
（主に経済活動）である市民社会の中間にあって、市民の批判的な討
論を通じて公論（理性的な世論）を形成し、国家の機能を監視する機
能を担う場のことです。その意味では、民主主義の心臓部とも言えま
す。

　ドイツの哲学者ユルゲン・ハーバーマス（1929-）によると、**啓蒙
主義の時代に登場したカフェ（コーヒーハウス）が公共圏のルーツの
一つ**となりました。当時のカフェでは、教養ある自由な市民たちが対
等な立場で文学作品の批評を行いました。こうした自由で開かれた批
評の精神は、新聞や雑誌といったメディアによって結ばれたネット
ワークとなり、国家に対する公論（理性的な世論）の形成の場へと発
展していきます。残念ながら、こうした18世紀的な市民的公共圏は、
19世紀になるとその影響力を徐々に失ってしまいますが、私たちが日
常生活の中で楽しんでいる友人や仲間との「気のおけない」おしゃべ
りにこそ、すでに民主主義の精神が宿っているのかもしれません。

30秒でわかる！ ポイント

国家と市民社会の真ん中にあるもの

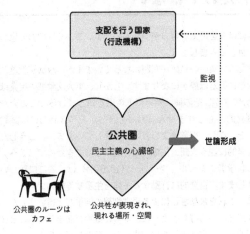

支配を行う国家
（行政機構）

監視

公共圏

民主主義の心臓部

→ 世論形成

公共圏のルーツは
カフェ

公共性が表現され、
現れる場所・空間

市民社会
（主に経済活動）

▶権力

**03 権力は抑圧する
だけではない**

　政治には人を抑える権力がつきものです。ここでは権力の思わぬ効果に注目してみましょう。

　大学でも授業中の私語が問題になっていますが、教師が教壇に立つと、次第に教室は静かになります。しかし、東大文学部の授業は1コマ105分ですが、その間、黙って人の話を聴き続けることの方が、むしろ驚異的かもしれません。しかも、しかるべき時期には試験やレポートをこなし、卒業論文を書いて卒業していきます。こうしたルールに自発的に従う人間（主体）は、どうしてできたのでしょう。フランスの哲学者ミシェル・フーコー（1926-84）は、ここに新しい権力を発見します。自発的に行動する主体を**生産する権力**です。

　彼は、これを**まなざしによる規律訓練**の結果だと言いました。もともと刑罰は、むち打ちのように、身体に直接苦痛を与えることによって、犯罪者に反省と矯正を促しました。しかしジェレミー・ベンサム（1748-1832）というイギリスの哲学者が考案した監獄では、中央の監視塔に看守が1人潜んでいて（ただし、囚人の側からは本当に看守がいるかどうかは確認できません）、独房の囚人に「お前たちはいつも見られているぞ」という意識を植えつけます。その結果、囚人たちは看守（権力）が不在でも、自分の行動を自発的に律するようになります。つまり、**権力は主体を抑圧するのではなく、自発的に行動する主体を生産する**と言えるのです。フーコーは、監獄と同じ権力のタイプを行使する施設（パノプティコン、一望監視施設）が病院や軍隊、そして学校の座席の配置にも見られるようになると言います。

30秒でわかる！ ポイント

ミシェル・フーコーが発見した新しい権力の形式

権力

見ているぞ！
（まなざしによる規律訓練）

自発的に

見られているという意識のもと、実際には見られていなくても自律的な行動をとるようになる

自分を律するように動く

▶社会問題の構築主義
04 最初から解決すべき「問題」が あるのではない

　公害や環境問題、いじめに不登校、少子高齢化に介護や待機児童と、日常生活には社会問題が溢れています。これらの社会問題は、ニュースで報道される前からすでに存在しており、無視できないほど問題が激化した結果、政府が異常事態に対策を打ち出すと考えられているかもしれません。はたしてそうでしょうか。

　ジョン・キツセ（1923-2003）とマルコム・スペクター（1943-）は、社会問題が客観的な事実として実在するという見方を180度転換しました。**社会問題はそれを問題として申し立てる人によって定義され、構築される**のです。この申し立てと定義の過程を**クレイム申し立て活動**と言います。ただし「構築」という言葉にとらわれて、そもそも問題のないところに社会問題が創作されると理解するのは誤りです。むしろ、社会的な出来事は、定義の仕方によってその重要性を高めたり、別の意味を帯びたりすることがあります。

　たとえば、就職や昇進で男女差別を行うことは社会問題と認識されていますが、男性と女性のトイレの数が等しいことは問題とは見なされていません。個人的な意見ですが、女子学生の割合が他学部に比べて相対的に高い学部に勤める私としては、女子トイレの数が男子トイレの数より多い方が平等で合理的ではないか、と考えています。

　専門家の間では社会問題の**自然史モデル**が提唱され、クレイムの申し立てから社会的な出来事が社会問題として定義され認知される過程の研究が進められています。いまや、「問題の構築」という過程を無視して政治的争点を論じるのは難しいと思われます。

30秒でわかる！ ポイント

社会学者ジョン・キツセとマルコム・スペクターの説

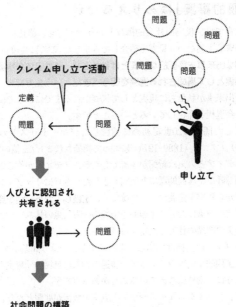

社会問題は客観的な事実と
して実在するのではない

問題

問題

問題　　問題

クレイム申し立て活動

定義

問題 ← 問題 ← 申し立て

人びとに認知され
共有される

→ 問題

社会問題の構築

column

疑似環境という疑似問題

「客観的事実」はありえるのか

　第14章では、現実の社会的構成という考え方を、第15章では社会問題の構築主義という見方を紹介してきました。ここに共通する点は、**社会的な出来事を客観的な事実とは見なさず、それ自体が事実性を帯びた現実として構成される過程を問うべきだ**という見方です。ある社会的な出来事が私たちに現実として気づかれるまでに、すでにさまざまな社会過程が介在しているということです。

　こうした問題は20世紀初めに活躍したジャーナリストのウォルター・リップマン（1889-1974）によって指摘されました。彼の時代は、マスメディアといえば新聞が主流でしたが、メディアが作る世界を**疑似環境**と呼び、客観的環境と区別しました。さらにリップマンは、人は見てから現実を定義するのではなく、**定義してから現実を見る**と唱え、現実の認識において主観的な定義の仕方（思い込み）や報道の仕方が事実の認識の仕方を決定する点に注意を促しました。

　リップマンの指摘は卓越したものですが、やはり問題があります。それは主観的な定義やメディアの報道の外部に無垢の「現実」があるかのように、素朴に考えているふしがある点です。

　現在、フェイクニュースやポスト真実の政治が問題となり、客観的事実に基づかない主張や報道が、政治を動かす危険性が指摘されています。社会学がこれまで積み重ねてきた研究から言えることは、客観的事実を確定することは困難であり、**事実を定義する「定義の仕方」それ自身が問われなければならない**ということです。

ウォルター・リップマンによる世界の見方

見方その1（リップマン）

メディアが語る世界は
客観的な世界ではない。
→疑似環境

報道の仕方により
バイアスがかかる

見方その2（社会学）

定義の外に
客観的現実
なんてない？

人は先に定義してから
現実を見る

定義を通して現実が作られる
プロセスに注目しよう！

**リップマンの指摘はメディアの報道や人の定義とは
別の次元で本当の世界があると考えているところに問題がある**

16 グローバル化する世界と日本

01 | ▶世界システム論
「世界は一つ♪」 なのか

　これまで神話のような消費活動に宗教、政治といった日常と非日常のインターフェイスに注目してきました。ここからは、「世界」という観点から、私たちの社会を見つめてみましょう。

　ディズニーの有名なメロディーで「世界は一つ」というフレーズが登場する「イッツ・ア・スモール・ワールド」という曲があります。これを社会学の場で実践したのが、アメリカの社会学者イマニュエル・ウォーラーステイン（1930-2019）の**世界システム論**です。

　私たちは、国家が先に存在し、その国家と国家の集合体として世界（国際社会）ができていると考えています。しかし、世界システム論では、**資本主義世界経済という単一の世界システムがまず形成され、そのシステムが利潤追求に好都合な国家という仕組みを生み出し、やがて国家間の利権争いが固定化する**ことで、現代のような国家と国家とがしのぎを削りあう国際社会が形成されたと考えます。

　また、こうした国家の間には明確な序列が存在し、第一に産業が高度に発達する「中核」地帯、第二に原材料や労働力を提供する「周辺」地帯、そして両者の中間に位置し、中心の地位に登ろうとする「半周辺」地帯の三つのゾーンに分類されます。さらに世界の覇権を握る国家も時代とともに変化し、17世紀はオランダ、19世紀はイギリス、20世紀はアメリカへと変化するとされます。

　今日、グローバル化がますます本格化していますが、この理論の興味深い点は、国家を主、世界を従と見る発想を転換し、世界こそが主であり、国家はその従、副産物と見た点です。

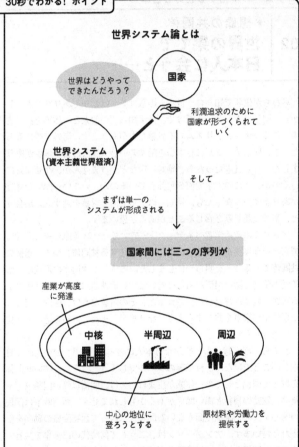

30秒でわかる！ ポイント

世界システム論とは

世界はどうやって
できたんだろう？

国家

世界システム
（資本主義世界経済）

利潤追求のために
国家が形づくられて
いく

そして

まずは単一の
システムが形成される

国家間には三つの序列が

産業が高度
に発達

中核　半周辺　周辺

中心の地位に
登ろうとする

原材料や労働力を
提供する

16 グローバル化する世界と日本

▶ 想像の共同体

02 世界の果てで
日本人に会うと……

　私たちが生涯で知り合う日本人の数はそれほど多くありません。しかし、同じ日本人というだけで、見ず知らずの他人と一体感を感じます。ここにナショナリズムの不思議な力があります。海外で船に乗ったとき、同じテーブルに日本語を話す若い2人連れの女子学生が座りました。もし日本だったら、絶対に声などかけませんが、なぜ海外にいるのか、どこの大学で何を勉強しているのか、いろいろ聞いた経験があります。みなさんも、見知らぬ土地で同じ言葉を話す人に出会うと、奇妙な親しみを感じることがあると思います。

　アメリカの政治学者ベネディクト・アンダーソン（1936-2015）は、国家という集団が人々の心の中だけに存在する共同体、つまり想像の共同体であることを明らかにしました。こうした共同体の形成は、標準語の確立と深い関係があると言います。標準語ができ、標準語による新聞、雑誌、書籍が刊行されると、その読者たちは、国内で起こった事件や出来事を共有するようになります。また、書物を通して文化や歴史も共有します。

　おそらく江戸時代の一般的な日本人にとって、「国」といえば「日本」のことではなく、村や藩のレベルでしょう。こうした狭い共同体を越えて国民としての一体感が生まれたのは、明治以降の国語教育や新聞、雑誌の刊行と深い関係があるかもしれません。西南戦争は国民の関心を集め、誕生後間もない新聞各社は競って西郷隆盛の動向を伝えたと言います。アンダーソンは、こうして同時代の出来事を共有することで国民という共通意識が形成されると考えました。

30秒でわかる！ ポイント

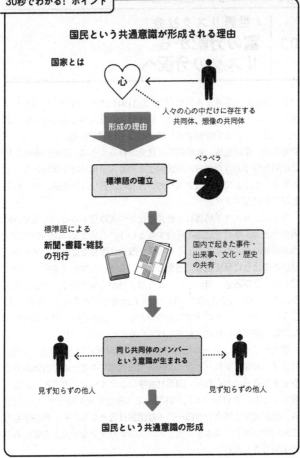

国民という共通意識が形成される理由

国家とは

心

人々の心の中だけに存在する
共同体、想像の共同体

形成の理由

標準語の確立

ペラペラ

標準語による
新聞・書籍・雑誌
の刊行

国内で起きた事件・
出来事、文化・歴史
の共有

同じ共同体のメンバー
という意識が生まれる

見ず知らずの他人　　　　　　　見ず知らずの他人

国民という共通意識の形成

16 グローバル化する世界と日本

03 | ▶世界リスク社会
**富の分配から
リスクの分配へ**

　ドイツの社会学者ウルリヒ・ベック (1944-2015) は現代社会を「リスク」という観点から特徴づけ、現代社会を**リスク社会**と呼んでいます。しかも現代社会が抱えるリスクは、地球環境問題、エネルギー・資源問題、金融危機、地域紛争に代表されるように、問題の表れとしては局所的でありながら、国民国家を超える全地球的な問題となっています。こうして、現代ではリスク社会は**世界リスク社会**という形をとることになります。

　さらに、リスクや利害対立が複雑化かつ国際化すると、対立する組織の代表者が議会で問題を解決するという、これまでの国内の議会政治が機能しなくなります。その結果、**政治は議会ではなく、デモや座り込みのように直接現場に出現**します。こうした政治を本来の政治に対して、**サブ政治**と言います。また対立点が全地球的な問題になればなるほど、サブ政治自身もグローバル化せざるをえません。日本でも、こうしたグローバルなサブ政治の例として、調査捕鯨に対する国際的な環境保護団体の抗議活動があげられるでしょう。

　またベックは、従来の社会学がこうした問題に対応できないのは、社会学の対象とする〈社会〉が国民国家内部にあるという**方法論的ナショナリズム**にとらわれ、**国民社会学**にとどまっていたことにあると考えました。グローバル化が進展すると社会学が対象とする〈社会〉も、国民国家を超えた**グローバルな市民社会**となるため、社会学も方法論的ナショナリズムを克服し、コスモポリタンな視点が必要であると主張しました。

30秒でわかる！ ポイント

世界リスク社会で起きること

現代社会のリスク

地球環境問題

エネルギー・
資源問題

金融危機

地域紛争

世界リスク社会

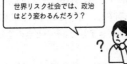

→ どのリスクも局所的
でありながら、全地
球的な問題

> 世界リスク社会では、政治
> はどう変わるんだろう？

> 社会学はどうあるべ
> きなんだろう？

本来の政治

国内の議会政治
が機能不全に

↓

サブ政治の登場

政治がデモ・
座り込みなど、
直接現場に出現

↓

**サブ政治の
グローバル化**

たとえば環境保
護団体の調査捕鯨
への抗議活動

**方法論的
ナショナリズムから**

社会学の対象とする
〈社会〉は国民国家内
部にあると考える

克服

**コスモポリタンな
視点へ**

〈社会〉は国民国家を
超えたグローバルな市
民社会となるから

▶象徴的通標と専門家システム

04 時間と空間が分離する世界で 生き抜くには

　グローバル化の時代、突然見ず知らずの土地に出張を命じられるか
もしれません。そのとき、どのような心の準備が必要でしょうか。

　ガラケーが主流だった時代、英語の勉強のためにイギリスに滞在し
たことがあります。日本で「国際テレフォンカード」を購入したので
すが、海外の空港では使用できず、「だから外国はダメなんだ」と腹
が立ちました。なんとかホテルに到着し、日本にコインで電話をする
と、ほんの数回の呼び出しで通話ができました。そのときの違和感を、
今でも忘れることができません。

　イギリスの社会学者アンソニー・ギデンズ（1938-）は、近代の特
徴を**時間と空間の分離**に求めました。モノが移動するにはそれ相応の
時間が必要です。しかし、輸送手段やメディアが発達すると、移動や
コミュニケーションの時間が短縮されます。私がホテルの電話で経験
した違和感は、時間と空間の分離に起因します。15時間以上かかっ
た移動距離にもかかわらず、わずか数秒で通話できたのですから。

　時間と空間の分離を生き抜くには、二つのことが必要かもしれませ
ん。**象徴的通標を駆使すること、専門家システムを信頼すること**です。
前者は場所を超えて使用できる交換媒体を意味します。この場合世界
中で使える国際テレフォンカードで、後者はさまざまな技術や専門的
知識のことです。実は、私のテレフォンカードは象徴的通標として海
外で使用できたのです。しかし暗証番号を入力して使用することを私
は知りませんでした。国境を越えた専門家システムを信頼せず、日本
的なやり方でカードを電話に差し込もうとしていたのです。

30秒でわかる！ ポイント

象徴的通標を駆使して専門家システムを信頼する

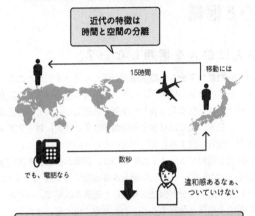

近代の特徴は
時間と空間の分離

15時間　　移動には

でも、電話なら　　数秒

違和感あるなぁ、
ついていけない

⬇

では、この時間と空間の分離を生き抜くには？

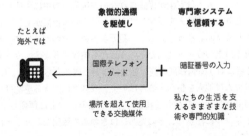

象徴的通標
を駆使し

専門家システム
を信頼する

たとえば
海外では

国際テレフォン
カード　　＋　　暗証番号の入力

場所を超えて使用
できる交換媒体

私たちの生活を支
えるさまざまな技
術や専門的知識

column

安心と信頼

日本人は他人を信頼しない？

　前項で**専門家システムへの信頼**が大切だと述べました。ここで信頼に関する日本の社会心理学者山岸俊男氏の興味深い研究をご紹介します。その研究は、日本人は他人や社会を信頼しているという常識をくつがえし、犯罪の数では日本より圧倒的に多い社会に暮らすアメリカ人の方が、他者に対する信頼度が高いというのです。

　この研究を理解するうえで大切なのは、**信頼と安心とを区別する**こと。安心とは100パーセントの安全が確実なときに生じる心理状態、信頼とはそもそも安全が保証されない不確実な状態で、とりあえず相手を信用する態度と理解すると、わかりやすいと思います。

　日本人は基本的に安全な社会で生活しているので、安全が保証されない状態に置かれると、そもそも他人を信じなくなります。それに対して、アメリカ人は安全が保証されない不確実性の中に生活しているので、とりあえず他人を信頼してみるという心の習慣ができているのかもしれません。そう考えると、犯罪が多いと言われるアメリカ社会が、日本以上のカード社会だということも納得できます。カード社会は、他者に対する信頼度の高い社会でないと成り立ちません。しかも、アメリカ人は他人を信頼するとはいえ、リスクに関する感覚は日本人よりはるかに鋭いのかもしれません。つまり、一応は信頼しますが、常にトラブルに注意し、その兆しにはきわめて敏感ということだと思います。

　日本人は、いい意味でも悪い意味でも、比較的安全な社会に暮らし

ているために、リスク感覚が薄く海外では狙われやすいです。しかも不確実な環境に不慣れなために、とりあえず信頼するという心的な態度が形成されにくい、と言えるでしょう。178ページの私の個人的な経験で言えば、今の時代、**専門家システムに対する信頼と、リスクに対する敏感さが同時に求められている**のかもしれません。

信頼しない日本人、信頼するアメリカ人

安心…100パーセント安全が確保されているときの心理状態
信頼…安全が保証されない状態でとりあえず相手を信用する態度

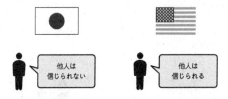

他人は
信じられない

他人は
信じられる

基本的に安全な社会で生きる
日本人は、安全が保証されない
世界ではそもそも人を信じない

基本的に安全が保証されていない
社会で生きるアメリカ人は、
とりあえず他人を信頼しておこう
という心理的習慣が働く

第 5 部

社会学物語

【第5部のねらい！】

社会学は19世紀半ば（日本では江戸時代）に始まります。当初はコント、スペンサー、マルクスが社会発展の法則に取り組みましたが、世界大戦のころから、近代社会に対する反省や批判が中心となります。しかしこの時代はヴェーバー、デュルケム、ジンメルなど偉大な社会学者が学問の基礎をつくる時代でもありました。戦争中、故郷を追われた亡命知識人たちも社会学をさらに発展させます。戦後はアメリカが社会学の中心になり、パーソンズがマクロな機能主義社会学を提唱する一方、ミクロな相互作用を重視する社会学がそれに対峙します。やがて後期近代と呼ばれる現代に入ってきます。

[17] 社会の発展法則を解明せよ！

01 ▶コントと社会学のはじまり
めざすは
秩序と進歩の調和

　現在の定説では、社会学のはじまりはオーギュスト・コント（1798-1857）の著作『実証哲学講義』にあると言われています。

　社会学が産声をあげたのはフランス革命後のフランス、ちょうど七月王政の時代です。この時代は、フランス革命がもたらした進歩とフランス革命が破壊した秩序をどのようにして調和させるかが重要な問題でした。

　コントはまず、社会の発展法則を明らかにしようとします。その結果提唱されたのが**三状態の法則**です。それによると、人間の知性は、**神学的段階**（神から物事を説明する段階）、**形而上学的段階**（抽象的な概念から説明する段階）を経て、**実証的段階**（実験と観察による法則の発見）へと進歩し、社会もそれに応じて**軍事的段階**、**法律的段階**、**産業的段階**に至ると考えました。

　コントは当時から非常によく知られた哲学者でしたが、毒舌が災いしてか、生涯大学の正規の教授になることはなく、私塾を開いて講義をしていました。しかし、彼の支持者は実証主義者協会を結成し、西ヨーロッパを超えて中南米にまで広がりました。ブラジルの支持者たちは、共和国の建国にも大きな役割を果たしました。ちなみに、ブラジルの国旗にはポルトガル語で彼の標語である「**秩序と進歩**（ORDEM E PROGRESSO）」と記されています。

30秒でわかる！ ポイント

社会は三状態の法則にもとづいて発展する

社会学の始まり

オーギュスト・コント
『実証哲学講義』

背景
フランス革命後の七月王政の時代。革命がもたらした進歩と破壊された秩序をどう調和させるかが問題となっていた

社会の
発展法則は？

人間の知性	社会

三状態の法則

神学的段階
神から物事を説明する段階

⬇️ 発展

形而上学的段階
抽象的な概念から
物事を説明する段階

⬇️ 発展

実証的段階
実験と観察による法則の発見

軍事的段階

⬇️ 発展

法律的段階

⬇️ 発展

産業的段階

私塾で講義

支持　←　 結成

実証主義者協会

コント

⬇️

西ヨーロッパから中南米へ広がる

ブラジル
国旗　　←　秩序と進歩（コントの標語）が記載

| 02 | ▶ スペンサーと社会進化論
明治の知識人も
愛したイギリス人 |

進化論といえば、生物学者のチャールズ・ダーウィンが有名ですが、進化の原理を社会発展に応用し、**社会進化論**を提唱したのが、ハーバート・スペンサー（1820-1903）です。彼はコントの影響を受けて、社会は**軍事型社会から産業型社会へ**と発展すると提唱しました。

進化論は全体社会の進化のために個人が犠牲になることを正当化する思想として批判されることもありますが、彼はイギリスが最も繁栄したヴィクトリア朝時代の思想家にふさわしく、個人の自由を擁護する個人主義、政府からの介入を退ける自由放任主義を信奉していました。

スペンサーはまた、コントと違った意味で在野の研究者でした。彼は大学で学ぶことはなく、自宅で教育を受け、まず鉄道技師になります。それから編集者を経て本格的な文筆活動に入ります。

スペンサーの思想は日本でも積極的に紹介され、明治時代の知識人から圧倒的な支持を得ました。とくに個人の自由を重んじる思想から、当時活発だった板垣退助らの自由民権運動に大きな影響を与えました。しかし、スペンサー自身は社会進化論の立場から急激な社会変化を好まず、当時の日本が急速な改革を行うことを望みませんでした。実際、彼の全体の秩序を重んじる思想は、明治時代の保守的な政治家や思想家の間にも多くの支持者を見出しました。

30秒でわかる！ ポイント

進化の原理を社会発展に応用

コント

影響

個人主義、自由
放任主義を信奉

ハーバート・スペンサー

進化の原理を
社会発展に応用 → 社会進化論を提唱

社会

軍事型社会

↓ 発展

産業型社会

明治時代の
日本に紹介される

一方で

全体の秩序を重ん
じる。日本の急速
な改革を望まず

スペンサー

↑ 支持

明治時代の
保守的な政治家や思想家

**自由民権運動
に大きな影響**

板垣退助

17 社会の発展法則を解明せよ！

▶ マルクスと革命思想

03 社会学最大の
ライバル

コントやスペンサーとほぼ同時代に生きたカール・マルクス（1818-83）は、のちにマルクス主義と呼ばれる思想を通して、社会主義・共産主義国家を生み出しました。また、経済的な生産様式が社会のあり方を決定するという考え方や、歴史が発展する要因を物質的な生産力に求める**唯物史観**を提唱しました。

マルクスの関心が経済学に向けられていたことから、彼自身が社会学の研究に本格的に取り組むことはありませんでした。しかし主著の『資本論』では、資本主義経済の仕組みを分析し、それが人間生活に破壊的なダメージを与え、やがて崩壊の道へと至る過程を明らかにしました。また『共産党宣言』では、革命に向けて国境を超えた労働者階級の団結を訴えました。こうした彼の批判的な思想は、資本主義に苦しむ人々の間で大きな支持を集め、社会学にも大きな影響をもたらしました。

マルクスの父はユダヤ人でしたが、弁護士としての地位を維持するためにキリスト教へと改宗します。マルクスも父の職業を引き継ぐために法律を学びますが、大学では当時最先端であったヘーゲル哲学を学び、急進的な雑誌の編集者として幅広い社会批判を展開します。また盟友のフリードリヒ・エンゲルス（1820-95）は、彼を財政的に支援し、お手伝いさんとの間に生まれたマルクスの隠し子を実子として引き取ったとも言われています。

30秒でわかる！ ポイント

経済学者の批判的思考が社会学にも影響

カール・マルクス

マルクス主義

**社会主義国家・
共産主義国家を生む**

┤提唱├

社会構成体	経済的な生産様式が社会のあり方を決定するという考え方
唯物史観	歴史が発展する要因を物質的な生産力に求める考え方

著書

『資本論』
資本主義経済の仕組みを分析。人間生活に破壊的なダメージを与え崩壊の道へ至る過程を明らかにした

『共産党宣言』
革命へ向けて国境を超えた労働者階級の団結を訴える

支持

資本主義に苦しむ人々

**社会学に
大きな影響**

04 ▶世態学から社会学へ
日本の社会学は
こうして始まった

　近代経済学がアダム・スミスまで、近代政治学がニッコロ・マキャヴェリ（1469-1527）にまでさかのぼることができ、哲学に至っては古代ギリシャに起源を有するのに対し、コントに始まる社会学の歴史は、それらに比べるととても新しいように思われます。しかし日本に限って言えば、1877年に東京大学が創設された翌年、外国人教師アーネスト・フェノロサ（1853-1908）によってスペンサーの社会学が講義され、つづく外山正一もスペンサーの講義を行っています。社会学の巨匠ヴェーバーやデュルケムが本格的に活躍する以前のことです。

　しかし、当時は社会学ではなく「交際学」「世態学」と呼ばれていました。society の訳語として「社会」という言葉がまだ定着していなかったためです。東京大学で最初に設けられた正式な科目名も世態学でした。社会学という名称が採用されたのは1885年のことです。

　日本でも進歩的な知識人の間に支持者の多かったスペンサーの社会学でしたが、日露戦争後、ナショナリズムが高揚すると影響力を失い、代わってコントの社会学に注目が集まりました。コントは、社会全体を一つの秩序ある有機体と見る保守的な**社会有機体説**の提唱者でもあったのです。とくに、東京大学（このときすでに東京帝国大学と改称、戦後再び東京大学に改称）の社会学の講座主任に就任した建部遯吾は、コントの社会学と儒教を融合させた日本独自の社会学理論を展開しました。

30秒でわかる！ ポイント

スペンサーからコントへ

1877年　東京大学が創設

1878年　外国人教師フェノロサによる
　　　　スペンサーの社会学の講義

　　　　外山正一によるスペンサーの
　　　　社会学の講義

> 日本の進歩的な
> 知識人の間で支持

1885年　交際学・世態学という科目名を
　　　　「社会学」という科目名に変更

スペンサー

1904年 ～ 1905年	日露戦争

↓

日露戦争後、ナショナリズム高揚

コント

建部遯吾が
日本独自の社会学理論を展開

↓

コントの社会学	＋	儒教

融合

> 社会有機体説に
> 注目が集まる

column

コントの情熱と人類愛

愛にめざめ、宗教にめざめる

　神学的知識や形而上学的知識を退け、実験と観察に基づく科学的実証主義（**三状態の法則**）を提唱したオーギュスト・コントですが、彼の私生活、とくに愛情生活は波乱万丈でした。彼の実証哲学講義は1826年から開始されますが、途中何度も中断されます。その間、コントは長年の心労と、おそらくは家庭不和が原因で精神を病み、とうとうセーヌ川へ投身自殺（未遂）をはかります。

　彼の妻カロリーヌ・マッサンは、いわゆる今で言うセックス・ワーカーらしく、何度も家出を繰り返しました。当時から名声の高かったコントですが、経済的には困窮を極めており、妻がその間、元の職業に戻っていたという説もあるくらいです。

　結局妻とは別居し、その2年後、コント46歳のときにクロティルド・ド・ヴォーという当時29歳の女性と恋愛関係に陥ります。クロティルドとの関係は、友情関係にとどまったと言われますが、不治の病に冒された彼女は2人が出会った翌年にこの世を去ってしまいました。彼女を深く愛したコントは、彼女との束の間の時間を「比類なき年」と呼んでいます。

　しかし、これを機にコントの科学的な学説も一転します。人類を崇拝の対象とする**人類教**という独自の宗教を提唱するようになります。そこではクロティルドは聖者に列せられ、彼女が生前使用した椅子も祭壇として崇拝の対象になります。残念ながら、社会学者の間ではこの人類教は不人気です。

コントが作った人類教

人類の幸福のために奉仕することこそ、
人間が行うべき「人の道」だ！

オーギュスト・コント

↓

人類自体を崇拝の対象とする人類教の提唱

※「人類教」は社会学者の間では人気がない？

実はブラジル国旗に書かれた
「ORDEM E PROGRESSO」という
文言は、ポルトガル語でコントの言葉
「秩序と進歩」を記したもの

18 危機の時代にこそ、社会学を！

▶ 闘う社会学者・デュルケム

01 │ 第三共和政を
守り抜け

　コントによって創設された社会学は、その後エミール・デュルケム（1858-1917）へと引き継がれます。とくに彼の『自殺論』は確立期における社会学の古典の一つで、**社会をそれ自体、一つの自立した集合体と見なす方法論的集合主義**の確立者と言われています。

　コントと違い、デュルケムはユダヤ系という出自にもかかわらず、社会学をアカデミズムの世界で通用する学問にまで高め、自らもソルボンヌ大学の教授にまで昇りつめます。晩年、息子を戦争で失うという悲劇を経験しますが、雑誌『社会学年報』を拠点としてデュルケム学派と呼ばれる支持者・弟子を育成します。死後は甥のマルセル・モースが彼の偉業を引き継ぎました。

　とはいえ、デュルケムは象牙の塔に閉じこもるタイプの研究者ではありませんでした。むしろ第三共和政を支持するリベラルな思想家としてアクティヴに活動します。

　フランス革命以降、フランス社会は共和政、帝政、王政を繰り返し、政情はけっして安定しませんでした。そしてデュルケムの時代、ドレフュス事件（1894年）が起こります。ユダヤ人の軍人ドレフュスが、無実のスパイ容疑で有罪判決を受けるという事件です。デュルケムは、人権擁護の立場から「私は弾劾する」で有名な小説家エミール・ゾラとドレフュス派の論客として当時の保守的な軍部や反ユダヤ主義勢力から彼を擁護しました。

30秒でわかる！ ポイント

アクティヴに活動する社会学者

エミール・デュルケム

方法論的集合主義の確立者

> 社会をそれ自体、一つの自立した集合体と見なす考え方

著書 『自殺論』
社会学の確立期における古典の一つ

デュルケムがしたこと

ソルボンヌ大学教授 → **社会学をアカデミズムの世界で通用する学問に高める**

雑誌『社会学年報』創刊

 → 拠点 → **デュルケム学派**

育成

支持者・弟子

> 第三共和政を支持するリベラルな思想家

ドレフュス事件（1894年）の擁護

保守的な軍部や反ユダヤ主義勢力から擁護

ドレフュス
無実のスパイ容疑

デュルケム

エミール・ゾラ

⑱ 危機の時代にこそ、社会学を！

02

▶ 市民階級の守護神・ヴェーバー

社会を動かす
主体たれ

　ドイツでは、デュルケムよりやや年下のマックス・ヴェーバーが社会学に熱いまなざしを向けていました。**社会に一人ひとりの個人の観点からアプローチする方法論的個人主義**を応用した主著『プロテスタンティズムの倫理と資本主義の精神』などで知られています。若くしてフライブルク大学教授に就任し、のちにハイデルベルク大学に移りますが、心の病が原因で辞職します。

　ヴェーバーが活躍した当時のドイツは、フランスを打ち負かしたプロイセン王国が中心となり国家統一を成し遂げ、中欧の大国として君臨していました。彼の父は、ドイツの新興勢力ブルジョワジー（市民階級）出身の政治家でした。彼が心を病んだ原因は、父との不仲と和解せぬまま迎えた父の死でしたが、政治家気質を受け継いだのか、ドイツの政治と将来に人一倍強い関心を抱いていました。

　イギリスが市民階級を主人公とする近代国家を作り上げたのに対し、後発のドイツは「上」からの近代化を推し進めざるをえませんでした。その結果、一方では国内に古い封建的な土地貴族が影響力を持ち続け、他方で上から国を指導したプロイセン官僚制が肥大化し、市民階級の自発性を抑圧していました。ヴェーバーの関心は、封建制と官僚制から国を解放し、ドイツの地位を不動のものとすることでした。しかし、封建制と官僚制に蝕まれたドイツは、第一次世界大戦を引き起こし敗北を喫します。

30秒でわかる！ ポイント

封建制と官僚制からの解放をめざす

マックス・ヴェーバー

方法論的個人主義を応用

社会の実体は一人ひとり
の個人と考える

著書　📖　**『プロテスタンティズムの倫理と
資本主義の精神』**

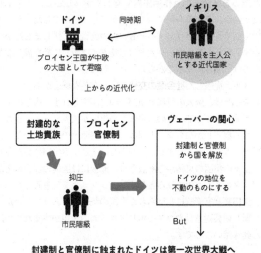

ドイツ　　　同時期　　　→　　**イギリス**

プロイセン王国が中欧
の大国として君臨

市民階級を主人公
とする近代国家

↓ 上からの近代化

封建的な 土地貴族	プロイセン 官僚制

ヴェーバーの関心

封建制と官僚制
から国を解放

ドイツの地位を
不動のものにする

抑圧　→

市民階級

But
↓

封建制と官僚制に蝕まれたドイツは第一次世界大戦へ

03 ▶ 生粋のベルリン子・ジンメル
不遇の社会学者 ジンメルの夢

　ゲオルク・ジンメル（1858-1918）は、ベルリン生まれのベルリン育ち、都会的なセンスに恵まれ、幼いときから音楽・芸術に親しみました。記録によると、浮世絵をはじめ日本の工芸作品も収集していたようです。才能豊かな彼の仕事は芸術、文学、哲学にまたがっていましたが、社会学者としては大著『社会学』と**社会を不断の相互作用の過程と見る方法論的相互作用主義**で有名です。しかし、ユダヤ人であったせいか、なかなか職につくことができませんでした。ジンメルの才能を高く評価したヴェーバーも、彼の就職を応援しましたがうまくいかず、シュトラスブルク大学（当時ドイツ領）に職を得ることができたのは、56歳になってからのことでした。

　ジンメルが提唱した**社会圏の交錯**という有名な概念があります。社会圏の交錯とは、個人の所属集団が一つに限定されず、複数の集団に同時に所属することで、その結果個人の自由が拡大するという考えです。一つの集団しか知らない人間は、その集団での経験しかなく、狭い世界で生きるしかありません。しかし、所属する集団の数が多くなると、個々の集団の束縛から解放され、最後には国境の枠を越えたコスモポリタニズムが生まれるとします。ジンメルを生み育てたベルリンは、封建制と官僚制にしばられた帝国の都市でもありましたが、そこから新しい芸術運動やコスモポリタニズムの思想が生まれたのはたいへん興味深いことです。

30秒でわかる！ ポイント

社会圏の交錯という概念を提唱

ゲオルク・ジンメル

方法論的相互作用主義

社会を不断の相互作用
の過程と見る

著書
「社会学」

「社会圏の交錯」という概念とは？

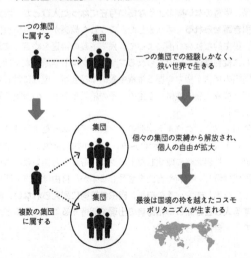

一つの集団
に属する

集団

一つの集団での経験しかなく、
狭い世界で生きる

集団

個々の集団の束縛から解放され、
個人の自由が拡大

集団

最後は国境の枠を越えたコスモ
ポリタニズムが生まれる

複数の集団
に属する

18 危機の時代にこそ、社会学を！

▶ 知識社会学と批判理論

04 | **独裁が生じる理由**

　社会学を学問として確立した巨匠デュルケム、ヴェーバー、ジンメルはヒトラーの台頭や第二次世界大戦を経験することなく世を去りました。残された社会学者はイギリスやアメリカに亡命しながら、なぜ、独裁政治が生まれるのかを、社会学によって解明しようとします。

　ハンガリーに生まれたカール・マンハイム（1893-1947）はイギリスに亡命します。彼は、人との絆や、全体を見渡す広い視座が失われた結果、**甲羅のない蟹のような弱い存在になった人びとが、巨大な権威に引き寄せられる**と考えました。こうした教訓から、自由放任ではなく、民主的な社会計画によって、民主主義の再建をめざしました。

　のちに**批判理論**の名で知られるフランクフルト学派の人々は、皇帝や家庭内の父親が権力を握る権威主義的な社会が、権威に対して従順な人間（権威主義的性格）を生み、その結果ヒトラーの台頭を許したと考えました。

　一時期、フランクフルト学派のメンバーでもあったエーリッヒ・フロム（1900-80）はさらに踏み込み、自由が独裁を生んだと主張します。第一次世界大戦に敗北したドイツは、帝政から共和政に移行します。国民は新しい権利や自由を享受しますが、自由は他方で孤独や無力感を生み出します。その結果、**自由の重荷に耐えられない、権威に依存する人びとが新しい指導者の出現を期待する**ようになると主張したのです（自由からの逃走）。

30秒でわかる！ ポイント

第二次世界大戦を経験して社会学者が考えたこと

カール・マンハイム	フランクフルト学派 （批判理論）	エーリッヒ・フロム
人との絆や全体を 見渡す広い視座 が失われる	権威主義的 な社会	新しい権利や 自由を享受
個人が弱い 存在へ	権威に従順な 人を生む （権威主義的性格）	孤独・無力感、 自由の重荷 権力に依存する人 が新しい指導者 の出現を期待
巨大な権威に 引き寄せられる	ヒトラーの台頭 を許す	独裁を生む

民主的な社会計画
によって民主主義
の再建をめざす

自由からの
逃走

column

転換期の社会理論

大衆社会を考える

19世紀末から20世紀初頭は、**社会学の黄金期**と言えます。社会学ではこの時代の社会のことを**大衆社会**と呼んでいます。大衆社会とは、社会に存在したさまざまな組織や制度が急速な社会変動の中で解体し、居場所を失った個人が大衆として大量に出現する社会のことを言います。

ヨーロッパでは、マンハイムやフロムが論じたように、大衆と化して居場所を失った人びとは、全体主義国家に吸収されました。それに対し、民主主義の土壌が強いアメリカでは、全体主義という極端な形には至りませんでした。しかし、アメリカの社会学者ディヴィド・リースマンは、主著『孤独な群衆』の中で、大衆の出現により自律的な理想の市民（**内部指向型**）は姿を消し、ひたすら他者に歩調を合わせ、同調する人びと（**他者指向型**）が社会の主流となると論じました。内部指向型の人間が心に羅針盤を持って自らの行動を律するのに対し、他者志向型の人間は、むしろレーダーを持ち、つねに他者の趣向や好みに合わせて行動します。

19世紀末から20世紀は、科学技術（とりわけコミュニケーション技術）や資本主義経済が飛躍的に発達した時代でした。その意味で、IT革命やグローバル資本主義の発展を経験する私たちと類似した社会と見ることができます。たとえば、SNSでつながる心情や大きな共同体に心惹かれる心理を理解するうえで、この時代の社会学の遺産は私たちにさまざまなことを教えてくれます。

大衆社会の出現

社会変動によって
それまで人々の居場所となっていた
組織や制度が解体

↓

居場所を失った個人たち＝大衆が出現

全体主義国家に
吸収される

ドイツやイタリアなど

一方アメリカでは……

全体主義にはならなかったが、
自律的な理想の市民は消え、
他者に歩調を合わせる大衆が
社会の主流になると論じられた

⑲ 社会の秩序はこうしてできている

▶ パーソンズと秩序問題
01	**規範を共有し、社会秩序を維持せよ**

第二次世界大戦を経て、社会学の中心はフランス、ドイツからアメリカに移ります。アメリカではすでにシカゴ大学に都市社会学の伝統が存在しましたが（第7章）、タルコット・パーソンズ（1902-79）が登場してからは、彼の提唱する**機能主義**が一世を風靡します。機能主義とは個々の社会現象を社会全体の統合（秩序）に対して行う貢献（役割）という観点から分析する立場を言います。

学問にはそれぞれ学問固有の問いというものがあります。その問いを中心に、学問は進歩していきます。たとえば、政治学の場合だと権力の構造、経済学なら富の生産と分配などです。**当時の社会学には明確な問いと問いから生じる理論体系というものがありませんでした。**それを生み出したのがパーソンズです。

パーソンズは「なぜ人が自由に行動しても秩序が成立するのか」という疑問を社会学の問いとしました（**秩序問題**）。彼によると、これに最初に答えようとしたのは政治学者のトマス・ホッブズです。ホッブズは、社会秩序（彼の場合は国家）は人々の契約によって成り立つと考えました（社会契約論）。しかし契約は多くの場合、個人利益追求のために結ばれるので、それでは社会秩序は安定しません。そこでパーソンズは**個人が共通の価値を身につけ、それによって行為の目的や手段をコントロールし、自由と秩序が両立する**と考えました。

30秒でわかる! ポイント

社会学の問いと答え

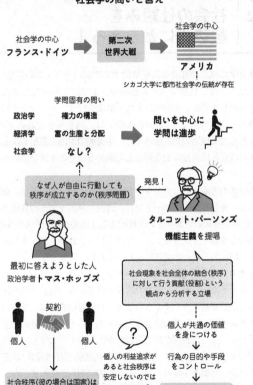

社会学の中心
フランス・ドイツ　→　**第二次世界大戦**　→　社会学の中心　**アメリカ**

シカゴ大学に都市社会学の伝統が存在

学問固有の問い

	学問固有の問い
政治学	権力の構造
経済学	富の生産と分配
社会学	なし？

問いを中心に学問は進歩

なぜ人が自由に行動しても秩序が成立するのか（秩序問題）

発見！

タルコット・パーソンズ

機能主義を提唱

社会現象を社会全体の統合（秩序）に対して行う貢献（役割）という観点から分析する立場

最初に答えようとした人
政治学者 **トマス・ホッブズ**

契約

個人　　個人

？

個人の利益追求があると社会秩序は安定しないのでは

社会秩序（彼の場合は国家）は人々の契約によって成り立つ（社会契約論）

個人が共通の価値を身につける
↓
行為の目的や手段をコントロール
↓
自由と秩序が両立

▶マートンと中範囲の理論
02 社会の仕組みを
経験的にとらえろ！

　社会学の概念や理論体系を整備するのがパーソンズの目標でした。そのため、彼は社会システム理論や、すでにご紹介した AGIL 図式を生み出しますが、それらはとても抽象的です。パーソンズに師事したロバート・マートン（1910-2003）は、同じ機能主義の立場でも、より具体的な理論の形成をめざし、**中範囲の理論**を提唱しました。中範囲の理論とは、抽象的な理論と経験的な調査とを結びつける理論です。

　中範囲の理論として有名なのが逸脱研究です。逸脱とは、犯罪や非行のことを指します。マートンは、逸脱の原因を個人の責任とはせずに、社会的要因、つまり社会が推奨する文化的目標（アメリカの場合、経済的な成功＝アメリカン・ドリーム）とそれを手にするために利用できる制度的手段との関係に求めました。

　文化的目標も制度的手段も、バランスよく身につけていると逸脱は起こりません。しかし、成功だけが強調される一方、手段が保証されないと犯罪が起こりやすくなります。貧困層の間では、経済的な成功だけが強調され、教育の機会などを実現する手段が十分に保証されていません。ここに犯罪が起こる温床があります。こうして、社会秩序がどのように安定化し（文化的目標と制度的手段の保証）、不安定化するのか（目標と手段のずれ）を経験的に明らかにしました。マートンが犯罪者にやさしい見方をし、社会の矛盾を指摘するのは、彼自身がフィラデルフィアの貧しい移民の子として育ったからかもしれません。

30秒でわかる！ ポイント

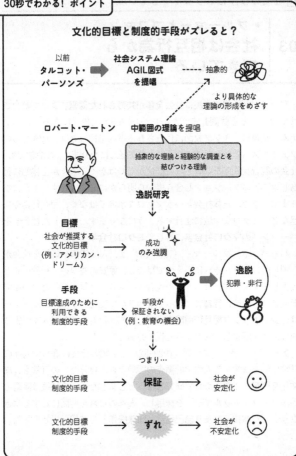

文化的目標と制度的手段がズレると？

以前
タルコット・パーソンズ ➡ **社会システム理論 AGIL図式 を提唱** ----- 抽象的

より具体的な
理論の形成をめざす

ロバート・マートン **中範囲の理論を提唱**

抽象的な理論と経験的な調査とを
結びつける理論

逸脱研究

目標
社会が推奨する
文化的目標
（例：アメリカン・
ドリーム）

成功
のみ強調

逸脱
犯罪・非行

手段
目標達成のために
利用できる
制度的手段

手段が
保証されない
（例：教育の機会）

つまり…

文化的目標
制度的手段 ➡ **保証** ➡ 社会が
安定化 ☺

文化的目標
制度的手段 ➡ **ずれ** ➡ 社会が
不安定化 ☹

▶ ブルーマーとゴフマン

03 | 社会は相互行為から できている

パーソンズの機能主義は社会全体が**共有された価値**によって統合されていることを強調しました。しかし1960年代後半になると、ベトナム反戦運動、キング牧師に代表される黒人市民権運動、女性たちのフェミニズム運動、大学での学生運動が盛んになります。社会学でも、社会の統合や秩序を共有された価値からではなく、人々が主体的に行為しコミュニケーションし合う姿から明らかにしようとするようになります。また、全体社会というマクロな水準ではなく、相互行為や自己など、ミクロな領域に注目するようになります。こうした社会学をパーソンズの**マクロ社会学**に対して**ミクロ社会学**と呼びます。

ハーバート・ブルーマー（1900-87）は、人は価値や規範を社会から押しつけられ、それに従うのではなく、**意味**に基づいて行動すると主張します。意味とは、仲間や他者とのやりとり（相互行為）の中で形成され、同時に行為者によって解釈されて変化します。ブルーマーは、**シンボリック相互作用論**を提唱し、相互行為を通して人々が主体的に意味を解釈し、共有する過程を強調しました。

アーヴィング・ゴフマン（1922-82）は未知の社会に暮らす人々の日常生活を研究する人類学的調査の経験から、自分たちの日常も、異文化を観察するような目で研究しようとしました。さらに彼は演劇の手法（ドラマトゥルギー）を採用し、人々の日常を仲間に対する生き生きとした演技、つまり**自己呈示**と**印象操作**として描き出しました。

30秒でわかる! ポイント

人々のコミュニケーションに注目する

1960年代後半　➡　ベトナム反戦運動、黒人市民権運動、
フェミニズム運動、学生運動

人々が主体的に行為、
コミュニケーションし合う姿に注目

ミクロな領域にある
相互行為、自己に注目

シンボリック相互作用論を提唱

相互行為を通して人々が主体的に
意味を理解し、共有する過程を強調

ハーバート・ブルーマー

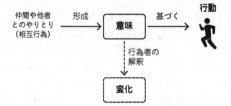

仲間や他者
とのやりとり
（相互行為）　→ 形成　**意味**　基づく　→　**行動**

行為者の
解釈

変化

自己呈示と印象操作を提唱

人々の日常を仲間に対する生き生き
とした「演技」として描き出す

アーヴィング・ゴフマン

演劇の手法（ドラマトゥルギー）
を採用

▶ガーフィンケルとシュッツ

04 日常生活を問い直せ

　社会学には、会話を丹念に記録し分析する会話分析という方法があります。ただし、話の内容には**無関心**です。

　ハロルド・ガーフィンケル（1917-2011）は、陪審員たちの会話を聞いて、**エスノメソドロジー**を思いつきました。彼は、犯罪という客観的事実が最初から存在するのではなく、法律の素人である陪審員たちが、会話と推論を通して犯罪という**理解が困難な出来事を理解可能な現実へと作り上げている**ことに気づき、そのような日常的な会話ややりとりを研究対象にしました。そうすると、一般の人びとは社会現象を説明し理解可能にする社会学者と同じことをしていると言えます。したがって、社会学者が会話の内容の是非を判断することは許されません。むしろ、会話のやり方にだけ注目を向けます。エスノメソドロジーとは、人々の方法（やり方）の研究という意味です。

　ガーフィンケルに影響を与えたアルフレート・シュッツ（1899-1959）も、日常生活世界を研究対象にしました。とくに人が他人を理解する仕組みや、自己と他者を中心とした生活世界の構造を研究しました。オーストリアのユダヤ人であり、昼は銀行員、夜は社会学者という二重生活をしていました。そのことが影響したのか、彼は人はたった一つの世界を生きるのではなく、科学、空想、夢、狂気、宗教など、複数の現実（**多元的現実**）を生きていること、そしてその中でも日常世界が**至高の現実**として、圧倒的な自明性（リアリティ）を持つことを明らかにしました。

30秒でわかる! ポイント

会話や生活が研究対象に!

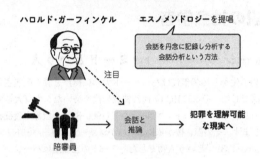

ハロルド・ガーフィンケル　　エスノメソドロジーを提唱

> 会話を丹念に記録し分析する
> 会話分析という方法

注目

陪審員　→　会話と推論　→　犯罪を理解可能な現実へ

会話の内容 ------ 社会学者が是非を判断すべきでない

会話のやり方 ------ 注目する(エスノメソドロジー的無関心)

アルフレート・シュッツ　　日常生活世界の構造を研究

> とくに人が他人を理解する仕組みや
> 自己と他者を中心とする生活世界

科学、空想、夢、狂気、宗教など複数の現実を生きる

中でも →　日常世界が至高の現実

↑

圧倒的な自明性(リアリティ)

多元的現実

column

伝説の社会学者

ジョージ・ハーバート・ミードという人

　1940年代から1960年代はハーバード大学に拠点を置く機能主義の全盛期でした。そこに1930年代に黄金時代を築いたシカゴ大学の伝統を引き継ぐハーバート・ブルーマー（1900-87）が機能主義批判を開始します。その際、彼が依拠したのがジョージ・ハーバート・ミード（1863-1931）という人物でした。ミードの**自我論**はパーソンズ以降の**ミクロ社会学**に決定的な影響を与えます。

　ふつう、私たちは自分の自我は一つと考えています。しかしそうでしょうか。自我が活動しているとき、私たちの自我は対話の構造を持っているのに気づきます。「今日は中華にしよう」という私がいれば、同時に「いや和食にしよう」というもう一人の自分もいます。このように、**人間の自我の活動は複数の人格の対話として成り立っている**のです。

　そこで、ミードは人間の自己は**主我（I）**と呼ばれる部分と、他者の役割を学習して形成された部分、つまり**客我（Me）**から成り立っているとします。

　人は他者の振る舞い（役割）を学習し、自分の行動を行います。しかし、すでに身につけた振る舞いがうまくいかない場面に出合うことがあります。そのとき客我に代わって主我が能動的に客我を修正し、問題を解決します。こうした決まった役割だけでなく、能動的に振る舞う自我の作用を理論的に解明することで、機能主義批判の基礎を提供したのです。

人間の自我はどのように成り立っているのか

人間の自我の活動は複数の人格との対話から
成り立っており、その人格は主我と客我に分類される

▶ ハーバーマスとルーマン

01 | 社会はシステムとして作動する

　1960年代後半から厳しい批判にさらされたパーソンズの機能主義はアメリカを離れ、ドイツのユルゲン・ハーバーマス（1929-）とニクラス・ルーマン（1927-98）に受け継がれます。

　ハーバーマスは、批判理論で有名なフランクフルト学派の第2世代として注目を集める理論家です。彼は社会全体が、財を生み出す市場と権力を行使する官僚制からなる巨大な**システム**、そして人びとが日常生活を送る**生活世界**の二つから成り立つとします。両者が適切な役割分担にある場合はよいのですが、現代社会の抱えるさまざまな問題は、**システムが肥大化し、生活世界を圧迫しつつある点に原因がある**と見なします（**システムによる生活世界の植民地化**）。そこで、合意形成を通して生活世界からシステムを制御する道を探究します。

　それに対して、元行政官であったルーマンは、システムの外部にシステムの影響を逃れた生活世界があるという見方に批判的です。彼はシステムが機能分化し、経済システム、政治システムなどの自律したサブ・システムを形成することで、社会が進化すると考えました。したがって、現実の社会問題は、システムが生活世界を植民地化するためではなく、**システムが適切な機能分化を実現していない点**に求められます。1970年代、両者は激しい論争（社会システム論争）を繰り広げました。

30秒でわかる！ ポイント

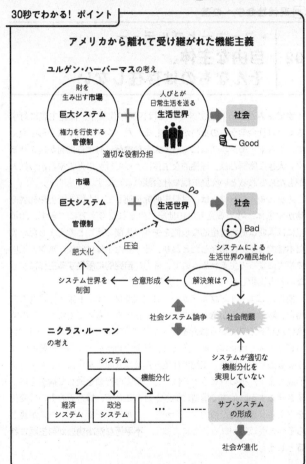

アメリカから離れて受け継がれた機能主義

ユルゲン・ハーバーマスの考え

財を生み出す**市場**
巨大システム
権力を行使する**官僚制**

＋

人びとが日常生活を送る**生活世界**

➡ **社会**

👍 Good

適切な役割分担

市場
巨大システム
官僚制

＋

生活世界

➡ **社会**

😠 Bad

肥大化　　　┄ 圧迫 →

システムによる生活世界の植民地化

システム世界を制御 ← 合意形成 ← 解決策は？

社会システム論争

社会問題

システムが適切な機能分化を実現していない

ニクラス・ルーマンの考え

システム

機能分化

経済システム　政治システム　・・・　┄┄ サブ・システムの形成

社会が進化

▶ フーコーとブルデュー

02 | 自由な主体、そんなものは存在しない

　すでにみたように、アメリカでは1960年代後半、機能主義に対するミクロ社会学からの批判が噴出しました。フランスでは、形を変えて、ポスト・モダニズムによって**大きな物語**に対する批判が起こります。大きな物語とは、理性的な主体によって社会の進歩や自由の拡大がもたらされるという歴史観や社会観のことです。

　ミシェル・フーコーは、思想史研究を通して、人間を歴史や社会を動かす主体と考える見方は19世紀に生まれた考え方にすぎず、20世紀には人間はその特権的な地位を失う（**人間の死**）と考えました。また本書でもすでに紹介したとおり、そうした主体は学校、軍隊、工場で権力によって生まれるもので、権力に**自発的に服従する主体**にすぎないとも主張します。

　他方、ピエール・ブルデュー（1930-2002）は、主体と構造（この場合、階級のような権力による支配の仕組みと考えてください）の関係に**ハビトゥス**という概念を導入することで次のように考えました。ハビトゥスとは身体に刻み込まれ、行動や判断を生み出す枠組みのようなものです。構造（支配の仕組み）は、人間の身体にハビトゥスを形成します。そのハビトゥスは一方で現実の行動を通して構造を再生産させますが、他方で構造に働きかけることで、構造そのものに変化をもたらすと考えたのです。しかし、ブルデューはハビトゥスが親から子へと受け継がれることによって、**不平等な階級構造が再生産される**としました。

30秒でわかる！ポイント

支配と服従の仕組み

ミシェル・フーコーの考え

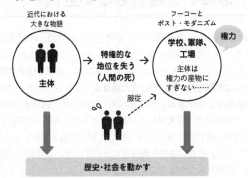

近代における
大きな物語

主体

→ 特権的な
地位を失う
（人間の死）

フーコーと
ポスト・モダニズム

学校、軍隊、
工場

権力

主体は
権力の産物に
すぎない……

服従

歴史・社会を動かす

ピエール・ブルデューの考え

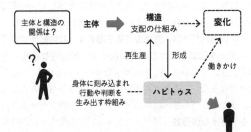

主体と構造の
関係は？

主体 → **構造**
支配の仕組み

変化

再生産　形成

働きかけ

身体に刻み込まれ
行動や判断を
生み出す枠組み

ハビトゥス

▶ギデンズ

03 | 第二の近代化、
あるいは終わらない近代

1960年代後半から70年代にかけては「大きな物語」の終焉が叫ばれ、近代という時代の終わり、「ポスト・モダン」を迎えたとの主張が見られました。しかしそれ以降の社会学では、**現代を近代の論理が徹底化した後期近代、第二の近代と見る**ようになっています。後期近代の代表的な社会学者は、アンソニー・ギデンズ（1938-）です。彼はブレア元英首相（労働党）のブレーンとして、新保守主義（右派）と社会民主主義（左派）の両方を克服した第三の道を提唱した人です。

ギデンズは、近代の特徴を**再帰性**に求めました。近代以前の社会制度は長い伝統や強大な権力によって守られていました。しかし近代になると、社会の変化が激しくなり、その変化を社会の仕組みに反映して、社会の制度をつねに作り変えなければなりません。また個人のレベルでも転職、離婚・再婚など、生き方の変化を通して、一度確立したアイデンティティを新たな状況に合わせて選択しなおさなければなりません。後期近代とは、**変化の結果を踏まえ、社会制度や自己アイデンティティを見直し続けなければならない再帰的な社会**と言えます。現在、生きづらいと感じる人が少なからずいるのも、「見直し続けなければならない」こと（再帰性）のしんどさからくるのかもしれません。また生きづらさの結果、アルコール、薬物、セックス、暴力など、さまざまな**依存症**（アディクション）が発生する可能性も高くなります。

30秒でわかる！ポイント

再帰性はしんどいよ

現代のとらえ方

1970年代以降 ➡ 近代の論理が徹底化 ➡ **後期近代・第二の近代**

アンソニー・ギデンズ　　再帰性に近代の特徴を求める

社会の変化が激しく、つねに仕組みや制度を見直し、作り変えなければならないこと

後期近代

社会の変化

↓ 反映

社会の仕組み

↓ 作り変え

社会の制度

↓

社会の変化

再帰

近代以前

社会制度

↑ 守る

長い伝統　強大な権力

生き方の変化

↓ 選択

アイデンティティ

↓

生き方の変化

再帰

依存症（アディクション）
アルコール、薬物、セックス、暴力など ⬅ 再帰性のしんどさ

▶ バウマンとベック
04 液状化する社会と
リスク化する世界

　社会制度やアイデンティティの再帰性が高まると、社会の安定した基盤が失われ、社会全体が流動化します。そうした事態をポーランドに生まれ、イギリスで活躍したジグムント・バウマン (1925-2017) は、**液状化**した（＝リキッドな）社会と呼び、それ以前の確固とした（＝ソリッドな）社会と区別しました。ソリッドな社会では、人生の長期的展望やアイデンティティの形成が容易ですが、**社会の仕組みが流動的になると、一貫したアイデンティティは人生を歩むにあたっての負の遺産（負債）となります**。またリキッドな社会では、生産より消費が重視されるため、消費に貢献しない貧困層は社会から不要なもの、つまり**廃棄された生**として扱われてしまいます。

　ウルリヒ・ベック (1944-2015) は、現代社会を**リスク社会**と名づけます。以前の社会（産業社会）では、社会はモノを生産し、富や財を分配することが重要な争点になりました。しかし科学技術が発達すると、豊かな社会が実現する一方、財の生産に伴う負の財（リスク）も増大し、それらをどう分配するかが重大な争点となります（産業廃棄物や原子力発電所など）。しかも問題は、これらのリスクから個人を守る集団や組織が著しく希薄化している点です。社会全体が**個人化**することによって家族、地域組織、労働組合など既存の組織が弱体化し、地球規模のリスクが直接個人に覆いかぶさる社会になります。

30秒でわかる！ ポイント

個人が生きづらい社会

ジグムント・バウマンの考え

現代	以前

液状化した社会
（リキッドな社会）

確固とした社会
（ソリッドな社会）

↓

一貫した
アイデンティティ

人生の長期的展望・
アイデンティティの
形成が容易

↓

負の遺産（負債）

 重視

生産　<　消費

消費に貢献
しない貧困層 → 不要なものと
して扱われる

ウルリヒ・ベックの考え

現代	以前

リスク社会

産業社会

↓

科学技術の発達

社会はモノを生産し、
富や財を分配する
ことが争点

↓

豊かな社会

↓

財の生産

↓

負の財（リスク） → 負の財をどう分配
の増大　　　　　するかが問題

column

21世紀社会学のキーワード

身体・情報・リアリティ

　第20章では、現代社会学を代表する理論家を取り上げました。なかなか複雑な社会を一言でまとめることはできないのですが、冷戦の終結以降、一挙にグローバル化が加速することで、これまで安定していた日本社会も、そこに暮らす私たちのアイデンティティや生き方も、流動化し、変革と再創造の必要性に迫られている、と言えるでしょう。**再帰性、液状化、リスク**といった概念はそうした現代社会の特徴を浮かび上がらせる社会学の概念であり、理論です。

　そうした考察を踏まえ、21世紀の社会や社会学を展望するとすれば、身体・情報・リアリティという言葉があげられます。まず、私たちが感じる現実（リアリティ）が大きく変化します。私たちはこれまで「動かしがたい現実」というものが存在し、身体もそこから出ることはできないと考えていましたが、そうした**現実は液状化し、代わって情報や記号・映像が生み出すヴァーチャルな世界をリアルに経験する**ことができます。それらの情報世界は、視覚、聴覚、触覚、嗅覚、味覚などの私たちの身体感覚に直接作用するので、もはや**本当の現実と偽物の現実の区別が成立しなくなってしまいます**。まさにポスト真実、フェイクニュースの時代です。

　今、必要とされるのは、他者の感じるリアリティと自分自身のリアリティがどのように作られているのかを解明すること、それらを結び付け、共通のリアリティを作る「場」です。社会を探究する社会学は、社会をそういう「場」とするための学問なのです。

これからの社会とは

21世紀に注目すべき三つのキーワード

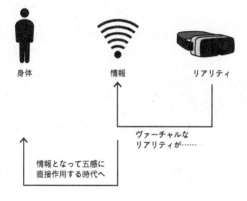

身体　　　情報　　　リアリティ

ヴァーチャルな
リアリティが……

情報となって五感に
直接作用する時代へ

➡ 「動かしがたい現実」がなくなる今後の世界では、
他者の感じるリアリティと自分の感じるリアリティを
結び付け、共通のリアリティを作る場が「社会」となる

おわりに

　本書を読み終えて、みなさんの「見えている世界」は本書を手にする前から変化したでしょうか。もしなにか見え方に変化の兆しを感じることができたとすれば、この10時間はとても貴重なものだったと思います。

　最後に一言。

　役に立たない文系の学問は無用である、という声があがったことがあります。そのとき、そうした声に異議を唱えたのは、文系学問の研究者たち、そしてうれしいことに心ある理系の研究者のみなさんでした。しかし、私にとってとても残念だったことは、文系の学問を学んだ人たちの声が聞こえてこなかったことです。

　私が本書の執筆をお引き受けしたのは、より多くの人に社会学の魅力を知ってもらい、そのファン、応援団になってほしいと思ったからです。本書を通して「社会学はおもしろい」と感じてくださった方は、ぜひ社会学の応援団になってください。

2019年2月
出口剛司

読書案内

これまで社会学を10時間で「ざっと」勉強していただいたわけですが、引き続いてもっと社会学について知りたい、勉強したいという方のための読書案内をしたいと思います。

本書は、はじめて社会学の本を手にする人のために「腑に落ちる」「通勤途中の電車の中で読むだけでもわかる」ということを心がけましたので、理解しやすさを優先し、思いきって説明を単純化しているところや、学説や研究の表面的な紹介に留めたり、もっと書くと面白いのに書けなかったり、という点もたくさんあります。

以下の書籍はそういった部分を埋め合わせてくれるはずです。

1.教養として社会学を知りたい人のために

「社会学の考え方」を知りたいという方には、以下の書籍をおすすめいたします。

『社会学的想像力』チャールズ・ライト・ミルズ（ちくま学芸文庫）
『社会学への招待』ピーター・バーガー（ちくま学芸文庫）
『社会学の考え方 [第2版]』ジグムント・バウマン、ティム・メイ（ちくま学芸文庫）

これらの書籍は世界的に有名な社会学者によるもので、「社会学」の特徴を語るという傾向が強いといえます。

　一方、自分たちが生きる現代という時代を、社会学を使って知りたいという方も多いかもしれません。しかし、社会学の全分野の教養書をまんべんなく列挙することは紙幅の関係で難しい。そこで、教養として社会学を知りたいという人にとって、関心があると思われる領域を中心にご紹介します。

　まず、戦後から現代という時代を知るには、以下の書籍をおすすめします。

『不可能性の時代』大澤真幸（岩波新書）

　同じく社会学の各分野から社会学とあわせて現代社会の捉え方を紹介したものとして手に取りやすいのは、以下になります。

『社会学講義』橋爪大三郎、大澤真幸ほか（ちくま新書）

　家族について考えたい人におすすめなのは以下です。

『子どもが減って何が悪いか！』赤川学（ちくま新書）
『これが答えだ！少子化問題』赤川学（ちくま新書）

　タイトルに「好き嫌い」があるかもしれませんが、内容は専門的でありながら、とてもわかりやすく書かれています。同じ著者の『社会問題の社会学』（弘文堂）とセットにして読むと、構築主義との関係がよくわかります。この本は弘文堂から出ているシリーズ「社会学ライブラリー」の一冊で、少々言い方はよくありませんが、シリーズの中から面白そうな分野の本を「つまみ食いして読む」という方法もあります。

他に家族では、国際比較やさまざまなデータを紹介しながら、働き方や家族について紹介しているものとして、

『仕事と家族』筒井淳也（中公新書）

もおすすめです。

いま問題になっている働き方については、厳密にいうと社会学ではなく労働法、社会政策ということになりますが、

『新しい労働社会』濱口桂一郎（岩波新書）

を読むと、日本の雇用システムの特徴や今の労働世界の変化についてよくわかります。

過労死について考えるには、

『過労自殺［第二版］』川人博（岩波新書）

が必読かもしれません。予防や対策をめざした実践的な本です。

最近の社会の変化といえば、人工知能、機械学習、ビッグデータが話題にのぼります。社会学でも少しずつ研究が蓄積され始めていますが、これらが動かしがたい社会現実になるまでにはまだ時間がかかりそうです。その中で、メディア論、哲学からのアプローチですが、非常に社会学に馴染みやすい考え方で書かれているのが、

『情報社会の〈哲学〉』大黒岳彦（勁草書房）

　そして、都市社会学の観点から書かれた

『〈時と場〉の変容』若林幹夫（NTT出版）

　です。これらは専門書といってもいい本ですが、とてもアクチュアルなテーマを扱っているので、興味を持たれる方も多いでしょう。

2.社会学を勉強したい人へ

　つづいて社会学を専門に「勉強したい」という人のための読書案内です。社会学の教科書もいろいろな出版社からシリーズとして刊行されています。ただし、高校の教科書と違い、広さや深さに差があり、どこまで勉強すればよいのか、最初は戸惑うかもしれません。そうしたときは、さまざまな教科書を「ざっと」読み比べるのも一つの方法でしょう。そうしたものに「ざっと」目を通して、社会学の概要をつかむことが大切です。

　まず、社会学のすそ野の広さをつかむために、社会学全体をまんべんなく網羅した教科書を手にとってみるのがよいと思います。何か国語にも翻訳され、世界的に有名なのが以下の書籍になります。

『社会学［第五版］』アンソニー・ギデンズ（而立書房）

　この日本語版ともいえるニュー・リベラル・セレクションシリーズの

『社会学』長谷川公一ほか（有斐閣）

　も網羅的な教科書としておすすめの一冊です。

　また、社会学にもシリーズ化した教科書があり、よく知られているのがミネルヴァ書房の「やわらかアカデミズム・〈わかる〉」シリーズです。また、有斐閣の「アルマ」「ストゥディア」というシリーズもよく知られています。

　社会学の歴史や理論に特化して勉強したい人に手頃なのが、以下の三冊です。

『社会学のあゆみ』新睦人ほか（有斐閣新書）
『社会学のあゆみ（パート2）』新睦人、中野秀一郎編（有斐閣新書）
『新しい社会学のあゆみ』新睦人編（有斐閣アルマ）

　やや専門的ですが

『社会学の歴史Ⅰ』奥村隆（有斐閣）

　も勉強になります。

　また、世界思想社からは「社会学ベーシックス」というシリーズが出ていて、社会学の重要な専門書がその背景や現代的意義も含めて簡潔に説明されています。
　社会学の文章を書いたり、考え方を身につけたりするには

『命題コレクション・社会学』作田啓一、井上俊編（ちくま学芸文庫）
『社会学の力』友枝敏雄ほか編（有斐閣）
『論文の書きかた』（現代社会学ライブラリー18）佐藤健二（弘文堂）

　などが便利です。社会学的に考えるためには、社会学の基礎概念を理解し、使いこなし、それに基づいて文章を書くことです。これらの三冊はその訓練の役に立ちます。

　こうした社会学の教科書のよい点は、その分野の最先端の研究者がなるべくわかりやすく専門的な議論を解説しているところです。とはいえ、社会学の蓄積は非常に分厚く、これらの教科書には登場しないものの、無視してはいけないような非常に重要なものもたくさんあります。もし、もっと専門的に社会学の勉強をしたいと思うなら、社会学の辞書・事典を活用するとよいと思います。これらの辞書・事典は、いわゆる「定説」と考えられているものが信頼できる筆者によって書かれているので、基礎的な知識を再確認するうえでも、考え方を整理するうえでも、大いに活用できます。本書を執筆する際にも、ずいぶん助けられました。

　こうした辞書・事典類の中で、現在頻繁に使用されているのが

『現代社会学事典』大澤真幸ほか編（弘文堂）

　です。そのほか、少し大きめのものだけ紹介すると

『［縮刷版］社会学事典』見田宗介ほか編（弘文堂）
『新社会学辞典』森岡清美ほか編（有斐閣）

があります。

　また、教科書風に項目ごとに深掘りしている珍しい事典もあります。

『社会学事典』日本社会学会社会学事典刊行委員会編（丸善）
『社会学理論応用事典』日本社会学会理論応用事典刊行委員会編（丸善出版）

　これらの二冊は事典的教科書という感じで、教科書のように読んで勉強するのにも適しています。本書の項目と関連する箇所を探し出して読み込むと、きっと理解が深まります。

『社会学文献事典』見田宗介ほか（弘文堂）

　というユニークな事典もあります。これは先の社会学ベーシックスのシリーズと同じく社会学や隣接領域の書物の内容を詳しく紹介しているものです。すべて手元にそろえるのは難しいかもしれませんが、所在（図書館）を確認して、ことあるごとに参照するのがおすすめです。目で「ざっと」勉強したあとは、手と足を「ばたばた」動かすことが大切です。重要な箇所やポイント、理解できなかったところはパソコンやノートにメモし、何度も見返すのが効果的です。

文庫化に際して

　文系の学問はどのように役に立つのだろうか。そうした疑問をもつ人は少なくないと思います。本書はそうした疑問に答え、「社会学は役に立つ」ことを実感してもらうことをめざしています。そして刊行以来、多くの人々にご愛読いただき、このたび文庫としてさらに多くの人々にお届けできることになりした。また海を越え、翻訳を通して台湾というはるか異国の地でも、新しい読者を得ることができました。

　私が属する東京大学社会学研究室では、100名の学生が社会学を学んでいます。しかし、彼らの多くは卒業後、社会学と直接かかわりのない世界に生きています。私はこうした学生が、自分が学んでいる社会学が現在、そして将来「役に立つ」と実感できるためにはどうすればよいか、また卒業後も折に触れ、社会学を活用することができるようになるためには、何を学ばねばならないのかを考えてきました。

　それを踏まえ本書では、読者のみなさんがご自身の眼で〈社会〉の問題を発見し、解決する糸口が得られるよう、社会学者が〈社会〉のどこに問題を発見し、それをどう分析したのかが明確になるように心がけました。また本書との出合いを契機に、これからもさまざまな場面で社会学を生かしてもらえるように、多くの社会学者が定説として受け入れている理論を紹介し、彼らが〈社会〉を分析する過程を追体験できるよう工夫しました。本書を通して、多くの方に社会学の魅力と可能性を感じとっていただけることを心から願っています。

2022年10月
東京大学文学部教授
出口剛司

本書は、二〇一九年二月に小社より刊行された
単行本を加筆修正のうえ、文庫化したものです。

大学4年間の社会学が10時間でざっと学べる

出口剛司

令和4年 10月25日　初版発行
令和6年 12月15日　3版発行

発行者●山下直久

発行●株式会社KADOKAWA
〒102-8177　東京都千代田区富士見2-13-3
電話　0570-002-301(ナビダイヤル)

角川文庫 23366

印刷所●株式会社KADOKAWA
製本所●株式会社KADOKAWA

表紙画●和田三造

●お問い合わせ
https://www.kadokawa.co.jp/ (「お問い合わせ」へお進みください)
※内容によっては、お答えできない場合があります。
※サポートは日本国内のみとさせていただきます。
※Japanese text only

©Takeshi Deguchi 2019, 2022　Printed in Japan
ISBN 978-4-04-605976-5　C0130

◆◇◇

角川文庫発刊に際して

　第二次世界大戦の敗北は、軍事力の敗北である以上に、私たちの若い文化力の敗退であった。私たちの文化が戦争に対して如何に無力であり、単なるあだ花に過ぎなかったかを、私たちは身を以て体験し痛感した。西洋近代文化の摂取にとって、明治以後八十年の歳月は決して短かすぎたとは言えない。にもかかわらず、近代文化の伝統を確立し、自由な批判と柔軟な良識に富む文化層として自らを形成することに私たちは失敗して来た。そしてこれは、各層への文化の普及滲透を任務とする出版人の責任でもあった。

　一九四五年以来、私たちは再び振出しに戻り、第一歩から踏み出すことを余儀なくされた。これは大きな不幸ではあるが、反面、これまでの混沌・未熟・歪曲の中にあった我が国の文化に秩序と確たる基礎を齎らすためには絶好の機会でもある。角川書店は、このような祖国の文化的危機にあたり、微力をも顧みず再建の礎石たるべき抱負と決意とをもって出発したが、ここに創立以来の念願を果すべく角川文庫を発刊する。これまで刊行されたあらゆる全集叢書文庫類の長所と短所とを検討し、古今東西の不朽の典籍を、良心的編集のもとに、廉価に、そして書架にふさわしい美本として、多くのひとびとに提供しようとする。しかし私たちは徒らに百科全書的な知識のジレッタントを作ることを目的とせず、あくまで祖国の文化に秩序と再建への道を示し、この文庫を角川書店の栄ある事業として、今後永久に継続発展せしめ、学芸と教養との殿堂として大成せんことを期したい。多くの読書子の愛情ある忠言と支持とによって、この希望と抱負とを完遂せしめられんことを願う。

　一九四九年五月三日

角川源義

角川文庫ベストセラー

大学4年間の経営学が
10時間でざっと学べる　　高橋伸夫

大学4年間の統計学が
10時間でざっと学べる　　倉田博史

大学4年間の金融学が
10時間でざっと学べる　　植田和男

大学4年間の経済学が
10時間でざっと学べる　　井堀利宏

大学4年間のマーケティングが
10時間でざっと学べる　　阿部　誠

東大生たちが学ぶ必須教養「経営学」をマスターできる！ 20年以上東京大学で教鞭をとる著者が大学4年分の講義のエッセンスを文庫で公開。企業社会を生き抜くためのメソッド20項目を一気に学ぼう！

グーグルやマイクロソフトが最も欲しい人材「データサイエンティスト」に必須の統計学。これからの社会を生きる上で必ず役立つこの学問を、東大の現役教授から学ぶ、ビジネスマン必携の1冊です。

金融論の基本から最新の金融工学まで――。「経済の血液」ともいわれる金融を知れば、日本経済の健康状態がよく分かる！ 東京大学経済学部で教えられている金融学をまとめた1冊。

東大経済学部で学ぶ知識が、10時間で「ざっくり」理解できる！ シリーズ累計50万部超のベストセラーを文庫で習得できるお得な1冊！ ビジネスマンに必要な教養を楽しく身に付けよう！

経験や勘ではなく、データから客観的に経営上の判断を下せるようになる、ビジネスパーソンにとって必要な考え方が身につく！

大学4年間の哲学が10時間でざっと学べる	英傑の日本史 源平争乱編	英傑の日本史 信長・秀吉・家康編	英傑の日本史 風林火山編	動乱の日本史 徳川システム崩壊の真実	
貫 成 人	井 沢 元 彦	井 沢 元 彦	井 沢 元 彦	井 沢 元 彦	

なぜ「ペリーは突然やってきた」が歴史常識なのか。なぜ明治革命でなく明治維新なのか。万全のはずだった幕府の崩壊に、日本を繰り返し滅亡の危機に追い込んできた思想の原因をさぐるシリーズ第二弾!

戦にも民政にも才を発揮した武田信玄、長く存在を否定されてきた軍師・山本勘助、父の仇に嫁した諏訪御料人——。戦国最強と謳われた武田軍団の野望と人間ドラマから、謀略渦巻く戦国史の襞に分け入る!

従来の慣習を次々と変えて乱世を勝ち抜いた信長。「人たらし」と呼ばれるほどの対人交渉術で最高の出世を果たした秀吉。苦労人で腰が低く誰からも慕われた家康。三人三様の生き様から戦国の歴史を見つめ直す。

源義経・平清盛・源頼朝・武蔵坊弁慶・北条政子——。日本史上有数の大変革期を戦った源氏と平氏。「歴史の神」に選ばれた英傑たちのドラマと、定説からは見えてこない歴史をダイナミックに読み解く!

すべての学問の基礎であり、学び直したい教養の1位と言われる哲学。難しいと思われているその内容を、大学4年間で習う最低限かつポイントを押さえ、まとめました。これであなたも哲学科卒業レベル!

角川文庫ベストセラー

角川文庫ベストセラー

『空想科学読本』シリーズから、よりすぐりのネタを集めた文庫の第2弾。『銀魂』『黒子のバスケ』『新世紀エヴァンゲリオン』『キャプテン翼』など、新旧の人気少年マンガを中心に全面改訂でお届けする。

『ウルトラマン』『ONE PIECE』『名探偵コナン』『シン・ゴジラ』『おそ松さん』など、世代を超えて愛されるマンガ、アニメ、特撮映画を科学的に検証！

池上彰の愛知学院大学・2014年「経済学」講義の文庫化第2弾。ニュースを経済の視点から読み解く。お金と覇権、資本主義の暴走、原油価格、宗教と経済、金融政策等のキーワードから21世紀の世界を考える。

テレビの放送でも話題になった愛知学院大学・2014年「経済学」講義を文庫化。戦後社会の歴史と仕組みを経済の視点から読み解く。東西冷戦、日本の戦後の歩み等、歴史を学ぶことで未来が見えてくる。

ぶらりと寺をまわりたい。平城遷都1300年にわく奈良、法然上人800回忌で盛り上がる京都、そして不思議な巡り合わせを感じる愛知。すばらしい仏像たちを前に二人の胸に去来したのは……。